JN233540

育つ・育てる

千羽喜代子・山崖 俊子 編著
池田りな・菊地 篤子・長山 篤子
帆足 暁子・星　順子・矢内　由 共著

建帛社
KENPAKUSHA

は じ め に

　この度，本書を編集するに至った動機は，2004年（平成16年）3月に現職の大妻女子大学家政学部児童学科を定年により退職することにある。

　1968年（昭和43年）4月，本学児童学科設立とともに奉職してから35年という長期間にわたって，授業と研究に当たってきた。この間，学部卒業生や大学院終了者たちは，研究活動に携わっている者もあり，教育機関や子どもの福祉施設および家庭において教育・保育や子育てにかかわっている。

　そこで人生のひとつのエポックを記念して，学位取得後，新しい前進を求めた都立母子保健院の心理指導，大妻女子大学家政学部児童学科の学生たちの教育や児童学科作りの傍らで行ってきた自分自身の研究歴を省みたとき，それは遅々とした歩みであったが，その足跡の一部を残したいという気持ちが生じた。

　乳幼児の「育つ・育てる」を巡ってはたくさんの書物が出版されているが，1人の児童学科の卒業生が，その領域のパイオニアとしてどのように歩んできたか，その足跡を通して省みるとともに，その記念として文字に残したかったからである。幸い，卒業生や共同研究者たちのご協力をいただくことができたことに，心から感謝申し上げる。

　一般に，本作りにおいては本の構成を企画した後，執筆者が決まるという段取りが普通であるが，本書では，執筆者を決めてから構成を考えるという，まったく逆の工程がとられた。しかし幸いにも，あらかじめ描いていた「育つ・育てる」のイメージに沿った原稿を書いていただくことができた。

　建帛社筑紫恒男社長には，本書の企画にご快諾のお返事を即座にいただき，さらに編集上のご助言をいただき，発刊に至ったことに深謝申しあげる。「学術書でいきましょう」との積極的なご発言に，企画・編集に力が倍加した思いであった。

　また，山崖俊子先生とは，最近は異なる研究の領域にあるが，ともに児童学

という同一の基盤の上に立っている。また，世代は隔たれているが，平井信義先生を恩師とし，それぞれが先生の助手を務めた間柄にあるところから，本書を連名で編集できたことは大変に嬉しい。

　最後に，大妻女子大学家政学部児童学科のさらなるご発展を祈念するとともに，あわせてご執筆いただいた若い研究者たちの今後の進展のために，ご指導，ご鞭撻を賜りたくお願い申しあげる。

　　平成15年3月

　　　　　　　　　　　　　　　　　　　　　　　　編集代表　千羽　喜代子

目　次

序　章　育つ・育てる　　〔千羽喜代子〕

1. 児童学の学び …………………… 1
2. 乳幼児の発達を巡って保育を考える ……………………… 2
3. 現状の親子関係を巡って保育を考える ……………………… 4
4. ゆたかな人間性の育ちを願って ……………………………… 6

第1章　乳幼児の保育と親子支援
―問題提起として　　〔千羽喜代子〕

1. はじめに ………………………… 7
2. 家庭保育・家庭機能を支援する乳児院の役割 …………… 7
3. 0・1・2歳児保育の今後の課題 …………………………… 11
   (1) 0・1・2歳児保育の課題 …………………………… 11
   (2) 0・1・2歳児保育への保育者の問題意識 ………… 12
4. 幼児の自発性に関する今後の課題 ………………………… 14
   (1) 日米調査から得た示唆 …… 14
   (2) 3歳未満児への課題 ……… 19
5. 結びとして …………………… 20

第2章　表情からみる乳児の発達的変化とその理解
　　〔池田　りな〕

1. はじめに ……………………… 23
2. 乳児の表情を考える ………… 23
   (1) 生後まもなくにおける泣きと笑い ……………………… 23
   (2) ヒトの表情形態と生得性 … 24
   (3) 表情のもつ機能 …………… 25
   (4) 表情の社会性 ……………… 26
3. 育ちからみる表情―家庭児の観察記録から ……………… 28
   (1) 追跡調査について ………… 28
   (2) 笑う・ほほえむ表情 ……… 29
   (3) 泣く・ぐずる・怒る表情 … 37
4. 表情の発達的変化と操作性 … 43
   (1) 表情形態の種類とその出現月齢 ……………………… 43
   (2) 笑う表情について ………… 44
   (3) 泣く表情について ………… 46
   (4) 視線を中心として―見つめるという顔 ………………… 48
5. おわりに ……………………… 50

第3章　3歳未満児のコミュニケーション
—おとなとのかかわりを中心に　　〔帆足　暁子〕

1．コミュニケーションが育つ意義 ……………………………53
　(1) コミュニケーションの意義 ……………………………53
　(2) 保育者（おとな）の役割 …54
2．コミュニケーションの基盤をつくる0歳児—人とかかわる快感や安定感，コミュニケーションパターンの形成 ………………………… 55
　(1) 理解しにくいコミュニケーションパターンをもつ子ども ……………………………55
　(2) 「抱っこ」にみるコミュニケーション意欲の喪失 ……59
　(3) 乳児からのサインの読み取りと感性 ……………………60
3．コミュニケーションの育ちを支える1歳児—自発性と自己達成感の支え ……………64
　(1) 自発性の発達とコミュニケーション ……………………………64
　(2) 自己充実感とコミュニケーション ……………………………65
　(3) 保育者とのやりとりを自分の中に取り込む …………66
4．コミュニケーションの基盤の仕上げとしての2〜3歳児—自立と自己統制能力の狭間での情緒の安定性の修復 …68
　(1) ごっこあそびにみられるコミュニケーション ………68
　(2) 第一反抗期におけるコミュニケーション ……………………………69
　(3) 保育者との承認要求と甘えにみられるコミュニケーション—修復 ……………71
5．3歳未満児のコミュニケーションと成長 …………………73
　(1) コミュニケーションと子どもの育ち ……………………73
　(2) なぜ，今，コミュニケーションなのか ………………74
　(3) コミュニケーションと思いやりの育ち ………………76

第4章　乳児の夜泣きにみる心のサイン
〔矢内　由〕

1．はじめに ……………………79
2．夜泣きの実態調査—夜泣きの定義とその発生頻度 ………80
3．夜泣きの主な原因 ……………83
　(1) 身体面・心理面からの原因の追求 ……………………83

(2) 睡眠発達との関連からの原
　　　因の追求 ……………………84
　(3) 夜泣きのとらえ方 …………86
4．夜泣きに関する研究の動向 …87
　(1) 夜間覚醒とあわせた実態調
　　　査 ……………………………87
　(2) 乳児が泣くこと，そのものへ
　　　のアプローチ ………………88
　(3) 乳児の泣きをどうとらえる
　　　のか …………………………89
5．現時点での夜泣きへの対処と
　　　して …………………………91
6．今後の研究の課題 ……………92

第5章　第一反抗期を再考する　〔菊地　篤子〕

1．はじめに ………………………95
2．第一反抗期とは ………………95
　(1) 「第一反抗期」ということば
　　　………………………………95
　(2) 第一反抗期のスタート ……97
　(3) さまざまな「反抗」の表現
　　　………………………………100
　(4) 反抗期の親子関係…………102
3．記録から，第一反抗期を追う
　　　………………………………105
　(1) 反抗の始まり（1歳10か月
　　　～2歳1か月）……………106
　(2) 弟の誕生と，反抗の多様化
　　　（2歳1か月～3歳0か月）
　　　………………………………108
　(3) 自立の進行と反抗（3歳0か
　　　月～3歳8か月）…………112
　(4) ま　と　め…………………118
4．おわりに………………………118

第6章　新しい乳幼児保育のあり方としての家庭的保育の提言

〔星　順子〕

1．はじめに………………………121
2．家庭型保育制度………………123
　(1) 家庭型保育とは……………123
　(2) 制度の歴史的経緯…………127
　(3) 家庭型保育の制度…………131
3．家庭型保育の保育内容………140
　(1) 家庭型保育の1日…………140
　(2) 家庭的保育における子ども
　　　の生活について……………143
　(3) 子どもの人間関係…………148
　(4) 家庭的保育の課題…………152
4．おわりに………………………153

第7章　子どもとの信頼関係を築くために
　　　　　―親と子どもの共感的理解の中で　〔長山　篤子〕

1．はじめに………………………157
2．食事（授乳）・睡眠へのかかわ

り……………………………158
　(1) 授乳時における対応につい
　　て……………………………162
　(2) 眠りに入るときに…………163
　(3) 乳児のクーイングへの対応
　　…………………………………164
3．おむつがとれるまでのかかわ
　　り……………………………165
　(1) 長女S子の場合（8月生ま
　　れ）……………………………166
　(2) 長男K夫の場合（1月生ま
　　れ）……………………………168
　(3) 次女C子の場合（1月生ま
　　れ）……………………………168
　(4) 3人を育てて………………169
4．子どもと保育者の絵本を通し
　　てのかかわり…………………171
　(1) 『ちいさなねこ』 …………172
　(2) 『もぐらとじどうしゃ』 …173
　(3) 『なつのあさ』 ……………175
　(4) 絵本を通して学ぶ…………176
5．おわりに………………………177

第8章　「少子化」「虐待」現象からみる「現代母親論」と今後の展望

〔山崖　俊子〕

1．はじめに………………………179
2．学生相談から見えてくる現代
　　の母親が抱える苦悩と「母
　　親予備軍」としての女子学
　　生の混乱………………………180
3．子ども虐待と母親の被虐待体
　　験からうかがわれる現代の
　　母親の抱える苦悩……………186
　(1) 子ども虐待の実態…………188
　(2) 母親の被虐待体験と子ども
　　虐待……………………………192
4．少子化現象からみた現代の母
　　親の抱える苦悩………………194
　(1) 現代社会における有職の母
　　親の生きにくさ………………196
　(2) 乳幼児をもつ有職の母と無
　　職の母の「子産み・子育
　　て」感の比較調査から
　　…………………………………197
　(3) 最近のわが国における少子
　　化現象の意味…………………202
5．おわりに………………………204

あとがき …………………………………………………………………………210
索　　引 …………………………………………………………………………212

序 章　育つ・育てる

1．児童学の学び

　児童学の学問領域にある者は，例えば，「子どもの心理」というようにある一部を取り出し，部分のみを学び深めるよりも，俗な言葉でいえば，"子どもの丸ごと"を学ぶことを基本姿勢とするエスプリを学んできた。

　大妻女子大学の児童学科設立に際して，平井信義は以下のように述べている。『子ども─児童学からのアプローチ』から引用する[1]。

　「人間の科学が次第に細分化し，その末端においては精緻を極めているが，全体としての子どもの像を見落としていることが少なくないことを指摘し，児童学の理念は，児童を全体として把握することにあると，小児科学を創始したといわれているウィーン大学のツェルニー（Czerny）教授の言葉『das Kind als Ganzes, Child as a Whole（全体としての児童）』をもって明らかにしたのである，と。」

　それは保育者・教師であれ，研究者であれ，親であれ，子どもとかかわる者にとっての姿勢のもっとも基底に置かれるものである。よって学問の専門性が問われる向きが無くもないが，専門を志向していく者は，その基盤の上に自分の専門を構築していけばよいのではないかと考えている。学問が細分化している現在では，精緻を極めた狭い道から入る学問の分野もあるが，子どもを丸ごとに理解していくことを基盤とした上に専門を構築していく学問の分野とは，必然的に子ども理解や子どもへのアプローチに相違が生じることは否めない。

我田引水になるかもしれないが，大妻女子大学の児童学科の教員で高等学校の先生たちの研修（当時の文部省主催による）に総当たりしたとき，1人の受講生が，講師陣の子ども理解の理念が一枚岩であったことは，講義内容の理解を容易にし，各講師陣の講義内容を相互に関連づけて考えることができ，有益であったと感想を述べられたことを記憶している。

　本書の執筆者たちも一枚岩のエスプリの上に立っている。特に平井信義の子ども理解の理念の上に立っている者たちであることは，本書の特色とすることができよう。

　このような子ども理解の理念の上に立つからには，本書の表題『育つ・育てる』は，育つ者と育てる者の相互のかかわりのもとで，課題を取りあげていくことを本意とする。しかし各執筆者の，それぞれの研究領域の立場上，表面に現れる課題は，子ども自身の育ちに比重が置かれているものと，子どもを育てる親の側に比重が置かれているものが在ることから，前者では子どもの発達を巡って保育を考えようとしており，後者では親の置かれている現状から親子を巡って保育を考えようとしている。しかしいずれも，育つ者と育てる者は常に相互にかかわり合いながら，相互の育ちが営まれていると考えている。

　ただし，本書では，『育つ・育てる』の社会的な視野からのアプローチは弱い。この点については千羽自身の領域の狭さが反映している面もあるが，本書の編集の主旨として，子どもの置かれている保育の場を限定しないで，いずれの保育の場においても，共通して考えていくことのできる課題を取りあげることにしたことも一因していよう。

2．乳幼児の発達を巡って保育を考える

　本書では，特に意図したわけではないが，各人の取りあげた課題の対象が乳児および低年齢幼児に傾いてしまったことをお断りしておく。

　乳児および低年齢幼児においては，情緒に関する問題は避けて通れない課題である。従来，乳児の情緒の発達に言及するとき，ブリッジェス（Bridges. K.

M. B., 1932)の情緒の分化が広く引用されてきたが，古典的存在となっており，最近ではM. ルイス（Lewis, 1993）は，かつてブリッジスが報告したよりも早い時期に，基本的な情緒である，喜び，怒り，恐れ，悲しみ，驚きなどが，ほぼ出揃うと報告している。

　池田りなは，卒業論文・修士論文に引き続いて，現在も一貫して「乳幼児の情緒表出とその形態」に関した研究を行い，最近では，行動発達的アプローチを取り入れながら，乳幼児の情緒発達が具体的にどのような状態で出現していくのか，その表出形態の出現過程を把握すること，さらに乳児期中期から後期にかけての情緒表出の内容とその形態が特定の養育者とのかかわりによってどのように影響されるかを研究している。

　その情緒を媒介としての乳児とおとな，特に，特定の養育者とのコミュニケーションは，情緒の安定という人格形成の上で最も重要かつ基底の部分を育てることになる。人が常時，情緒の安定を維持させることは難しいが，情緒不安定が生じたときに，それを安定に回復させる弾力性やコントロールする能力を育てることが新しい課題となる。

　子どもはいつの年齢においても，またおとなであっても，情緒不安定の状態が持続される状況のもとでは，遅かれ早かれ行動上に異常が現れてくる。乳幼児にとっては，まだ自分の能力だけでは情緒不安定をコントロールすることはできないため，親やその他の家族や保育者たちの援助を受けることになる。また，特定の養育者とのコミュニケーションは，他人との情緒的な交流を実現する能力を育てる源泉でもある。

　帆足暁子は，共同研究であるが，約20年にわたって幼児の思いやりの発達過程および思いやりの精神構造に関する研究を行ってきている。思いやりの基盤に情緒の安定を置き，おとな（親や保育者）とのかかわりが重要な要素になっていることを多くの事例で実証している。

　次章以下で取りあげた「夜泣き」や「反抗」は，子どもを持った親たちを悩ませている問題の範ちゅうに入り，乳幼児の健康診査や電話相談などにおいても相談件数が多い。

夜泣きは，古くて新しい問題で，過去から多くの臨床研究があり，最近では乳児期中期から後期にかけての睡眠—覚醒リズム，すなわち，将来所属する社会の生活文化への適応のために，覚醒と眠りのリズムを学習していく過程にみられる一過性のリズムの乱れとする説もあり，矢内由は，その点と親の養育との関係を調べようとしたものである。

また，幼児の反抗は，古くから話題となっている。反抗は2歳ころの健康診査での親の大きな関心事である。果たして自我形成論の中で処理できるか，菊地篤子は，この幼児の反抗期を「自己表現不的確期」との仮説のもとで自分自身の子育て経験や乳幼児の健康診査での相談事例を通して，合わせて，アメリカ人の子育てとの比較研究を開始し，継続4年目を迎えている。

3．現状の親子関係を巡って保育を考える

この項に該当する3つの論文は，いずれも今日的な課題である。

わが国の少子化傾向は，保育界においては子育て支援施策と関連して話題が広げられている。その中で，星順子は，自分の子どもの保育委託の問題から家庭型保育の在り方に興味をもったのである。

地方自治体が規定している一定の条件を満たしている者の申請によって採用され，自宅の一部を保育室にして，保育所入所基準に該当しながら入所できない乳幼児を主な対象とする家庭福祉員（保育ママ）は，1960年（昭和35年）ころから，付近に保育所がないなどやむを得ない事由があるとき，適切な保護を加える必要から，大都市やその周辺の自治体を中心として普及してきた。しかし1980年（昭和55年）以降は，認可保育所の乳児保育が拡充したため衰退の傾向にあったという。

しかし最近の動向として，それが見直されている。その今日的役割としては，認可保育所と併存しながら，保育ニーズの多様化に対応するひとつの選択肢として，特に低年齢児に対する保育サービスや単に「家庭において子どもを預かる」というだけでなく，地域において子育て期の母親やその家族を支援す

ることにあると，黒川衣代や森下陽美は述べている（参考文献参照）。

　星の扱う家庭型保育は，概念的には公設の家庭福祉員と民間団体で扱っている家庭保育を総称しているが，子育て支援のひとつの在り方としての存在が問われているものと考える。

　乳幼児と親のふれ合いの稀薄さの修復や回復に対する対応のための方法や技能が積極的に言及されている昨今である。親の子どもへの絵本の読み聞かせは，乳幼児にとって楽しい心待たれるひとときであり，親と子のふれ合いの貴重なひとときであった。その触れ合いの時間さえも少なくなっていこうとしているとき，多忙な親にとって，また自分たちの生活を優先しようとする親たちにとって，子どもとの触れ合いが何故に大切であるかに気づき，親自身もわが子とのふれ合いを喜びとする感受性が大切となる。

　長山篤子は，上記の課題を取りあげながら，同時に長年にわたる幼児教育の実践から，親の指導・援助に当たってきた。その経験と実践からの事例研究を通し子どもに対する親の共感性という観点から，子どもにどのように対応し，お互いの存在を認めつつ信頼関係を築くかをまとめた。また，「思いやり研究」の共同研究者としての立場からも考察している。

　最後に，山崖俊子は，乳幼児期・学童期・思春期を経て青年期に在る学生の悩める心の問題が，いかに乳幼児の親との関係の中での問題を引きずって来ているか，乳幼児期に受けた心的トラウマの修復の時期はその後の時期にもあるとはいえ，子どもにとっての親との信頼関係，なかでも母親との関係は今日的な重要課題を投げかけている。

　加えて，山崖は母親自身の抱える苦悩についても言及しており，今日，高等教育を受けた女性が母親として生きることはときには個を捨てることも意味しており，子育ての課題は母子臨床の視点を失ってはいけないことを強調している。

4．ゆたかな人間性の育ちを願って

　子どもの育ちは育てる者との相互作用のもとでなされ，また育てる者も，子どもの育ちによって育つという相互関係のもとで成り立つ。

　よって，育てる者のゆたかな人間性が問われることになる。その出発点は乳幼児期であり，乳幼児期はゆたかな人間性の基礎づくりの時期であると言える。

　ゆたかな人間性の中味については一言で述べることはできず，今後も模索を続けていかなければならない課題であるが，そのひとつの構成要素として，共感性に代表される「ゆたかな心情」は，私たちの重要視している課題であり，現代社会で求められている課題でもある。それは育てる者の資質にもつながる。

　最近，「親となること」「おとなになること」の意味を考えさせられる諸事情に直面する。

　「おとなになる」という成熟性の標識（しるし）として「ゆたかな愛する能力」を持つことがあげられている[2]。ゆたかな愛する能力は育てる者にとっての必要な条件になるところから，真の意味でおとなになるということは，育てる者としての条件を備えていることにもなることを確認したのである。

　成長期のどこかで，おとなになることの意味を自分自身に問うてみる「時」をもつ必要があるのではないかと考えている。

〔引用文献〕
1）平井信義：子ども―児童学からのアプローチ，相川書房（1998），p.14
2）西平直喜：成人（おとな）になること，東京大学出版会（2001），p.194

〔参考文献〕
・黒川衣代・森下陽美ほか：現代のエスプリ，401 (12)，至文堂（2000）

第1章 乳幼児の保育と親子支援
——問題提起として

1. はじめに

　本章の表題に関して，約35〜40年前に行った都立母子保健院乳児養育科での実践研究や現在行っている幼稚園・保育園での保育者たちとの共同研究を踏まえながら，本書の主題への導入としよう。

2. 家庭保育・家庭機能を支援する乳児院の役割

　戦後のわが国の乳児院の足跡をたどると，
　　第Ⅰ期　生命と安全の確保に追われた昭和20年代
　　第Ⅱ期　養育の重点が精神衛生（現在では精神保健）面へと移行した昭和30年代
　　第Ⅲ期　ホスピタリズム追放の保育を促進させた昭和40年代
　　第Ⅳ期　地域に開かれた乳児院としての昭和50年代
　　第Ⅴ期　子育て支援センターへの具体的実践を進めている昭和60年代から現代まで
と，約50年間の経過を区分することができる[1]。筆者はちょうど第2期の養育の重点が精神衛生面へと移行した昭和30年代に勤務したことになる。
　これまでの子どもの生命と安全の確保のための医療管理の時代からの，転換期に当たる。おりしもJ.ボウルビイの『乳幼児の精神衛生』の発刊（1967年，

黒田実郎訳），Maternal Deprivation（母性的養育の喪失）の理論が乳児院や養護施設などの養育者に大きな衝撃を与え，これまでの医療管理の見直しが迫られていた時代であった。

　環境性発達遅滞，リズム様運動性習癖などホスピタリズムの克服に向けての対応に努めているうちに，物的要因の改善は比較的容易であっても，人的要因に関しては三交代という勤務体制の中で，養育者の一貫性という理念を実現することの難しさに悩み，どのような保育行動を乳幼児はもっとも要求しているのかの疑問に突き当たったのである。

　繁田進は，ホスピタリズムの問題は，マターナル・デプリベーションという大きな概念の中に包括されるようになったこと，マターナル・デプリベーションの研究の延長線上にアタッチメント研究はあると述べているが，昭和30年代はアタッチメント理論は体系の途上であった[2]。

　一般の母親は，生活の知恵として乳幼児の要求にどのような保育行動をもって対応しているのか，環境性発達遅滞は改善できても，その時々に表す乳幼児の情緒表出に適切に対応することの必要性，そのときの不適切な対応を後から補うことは容易なことではなく，長時間を要することなどを，退院児の追跡調査から明らかにしたのである[3]。

　乳児院の心理指導は，子どもの養育の経験をもたない筆者にとっては難題であったが，母子関係や母子相互作用に興味を抱いたきっかけとなったのである。精神分析における母子関係が表街道とするならば，まさに裏街道から迫ったことになる。

　皮肉なことに，わが国での母性的養育の喪失は，昭和50年代後半ころから一般家庭の問題となっていくのである。

　乳児の情緒の発達に関しては，母子関係との関連のもとでの基礎的研究が望まれる。なぜならば，特に乳児期後半における母子相互交渉の下での情緒表出は，豊かな情緒表出の原型ができあがるころでもあり，それは対人関係の誘因ともなりうることが考えられるからである。

　次に，この約50年間における乳児院の処遇内容・処遇環境を整理すると，

以下のようになる[1]。
- (1) 施設・設備・備品を通しての生活環境の改善
    - ① 家庭的環境の導入（生活用品など）
    - ② 寝具，食事，あそびの部屋の機能的分離
    - ③ ユニホーム（子どもの服）の排除
    - ④ 玩具，遊具の積極的導入
    - ⑤ 入所時観察室の配置への配慮
- (2) 乳幼児の養育の改善
    - ① あそびの導入および屋外活動の促進
    - ② 実物体験を通しての教育
    - ③ 家庭的処遇内容の導入
    - ④ 生活時間の改善（夕食時間など）
    - ⑤ 入所時観察期間の短縮（1週間から2日程度に）
    - ⑥ ベッド内活動の短縮（就寝時のみとする）
    - ⑦ 養育者との密度の濃い接触，個別対応の促進，受け持ち担当制の導入
    - ⑧ 施設外宿泊（外泊）の導入*（夏季には海の家に行くなど）
    - ⑨ 個別化（持ち物，衣服，玩具，寝具など）
- (3) 職員に関して
    - ① 処遇スタッフ比率の改善
    - ② 心理指導員・ケースワーカー，男性養育者導入にむけての積極化*
    - ③ 一律寄宿制の解除（下宿の容認）
    - ④ 保母（現在では保育士）の導入
    - ⑤ 栄養士・調理士の増加　など
- (4) 保健管理に関して
    - ① 必要最小限の保健管理　など
- (5) 家族に関して
    - ① 面会ならびに外出・外泊の積極的支援*
- (6) 地域社会に関して

① 子育て支援の実施*
　② ボランティア活動の実施　など
(7) 教育に関して
　① 乳児保育従事者の指導
　② スタッフの院内研修
　③ 中学生・高校生のボランティア教育*　など
（上記中＊印は，主として第Ⅲ期昭和40年代以降から行われた改善点）

　この処遇改善の一覧において注目したいことは，乳児院の地域社会に向けた子育て支援の実施である。乳児院は，委託理由を背景とした暗いイメージや閉鎖性から脱して，社会に向けた開かれた姿へと変貌したのである。

　例えば，昭和54年（1979）デイケアへの取り組みの決定と一部の乳児院での施行，ショートステイサービスの導入は，利用者の利便性を図ることによって子育て支援の一助としている[4)5)]。

　また，育児に自信のない親，相談相手がなくて困っている親に対して，乳児院に親子で通い，子どもたちの生活のようすを見ながら子育ての方法を学び，子育ての不安を解消することを目的とした親子育児体験学習サービスなどの育児支援事業は，エンゼルプラン以降，積極的な対応に迫られている子育て支援事業の先駆的役割を担ったのである（しかし残念なことに，親子育児体験学習サービスは，2000年ころをもって凍結されている）。

　乳児院の機能は，乳児および若年幼児が復帰するための健全な家庭環境を，親および家庭環境の調整・指導・援助によって回復する間，国および地方公共団体が親権者に代わって委託された乳児たちを養育するところにあるが，今後の歩むべき方向のひとつとして，「地域母子福祉センター：地域における子育て支援センター構想（1991年）」を発展させた「子育て支援センター・乳幼児ホーム構想（1996年）」が全国乳児福祉協議会より提案され，そのもとで，① 家庭代替え機能（入所施設機能），② 子育て支援機能，③ 専門スタッフ養成機能を展開していく計画が立てられている。

3．0・1・2歳児保育の今後の課題

(1) 0・1・2歳児保育の課題

　日本保育学会発表論文1948年（昭和23年）から1999年（平成11年）までの中から，分類項目「0・1・2歳児の保育」で発表された論文244件および『保育学研究』に掲載された5つの論文，合計249件を「0・1・2歳児保育」として，保育学研究2000年版の展望にまとめる機会を得，その発表内容を以下のようにくくって解説した[6]。

① 0・1・2歳児保育における集団論を巡って
② 乳児保育に対する保育者の意識
③ 乳児保育に対する愛着理論に基づく見解
④ 入園時の問題および集団行動
⑤ 保育者とのかかわり，子ども同士のかかわり，保育者と子ども相互のかかわり
⑥ 0・1・2歳の発達一般
⑦ 基本的生活習慣・生活行動
⑧ あそび
⑨ 文化財を巡って
⑩ 保育の質を巡って

　ここで強調したいことは，論文内容を一読したところ，どの項目においても保育者（おとな）のかかわりが関与していることである。0・1・2歳児の保育は保育する者（おとな）の存在を抜きにしては成立しない，それほどに子どもは常におとなの存在を意識し，自分とかかわるおとなを求めている。
　また，「思いやりを育む」の研究では，情緒の安定が「思いやり」の発達の基盤になるとの考えから，乳児（生後57日目から）2名の個体追跡を行ったのであるが，アタッチメントの対象は親であることが望ましいとはいえ，それは一般論であって，必ずしも親であるとは限らず，保育者の1人を選択すること

もあるし，ベビーシッターであることもあり得る[7]。また特定のおとなとの愛着の確立は，生後6か月ころから3歳ころまでの場合が多いとは言えるが，平均的に年月齢を算出することは意味がなく，子どもはそれぞれ自分の置かれた状況との関係性の下で，懸命に愛着の対象を求め，親密な関係を得て自己を安定させようとしている。その子どもの心に気づくおとな（親や保育者など）の存在が，乳幼児には欠くことのできない必要条件となる。

例えば，0歳や1歳代で愛着の対象者と親密な関係が確立しなかったとしても，その修復は2歳代で十分に可能であることを経験している。経験豊かな保育者は，その修復は3歳児クラスで可能であると考えている者もあるが，親との愛着が確立していない子どもに気づいた場合は，それが2歳であっても3歳であっても，即座に園側で可能な対応策をとる必要があるのではないか。

もっとも，何をもって愛着が確立している・いないを判断するか，その1つの手掛かりとして1つの資料を参考にあげておく（文献8参照）。

天貝由美子は，信頼感を「自分自身や他人を安心して信じ得ることができるという気持ち」と定義し，それは個人内特性であるとしている[9]。そして，信頼感の基盤は乳幼児という人生の初期段階にまず獲得されるが，その獲得状態は不変ではなく，自己への問い直しがなされる青年期において再獲得（成熟）期を迎える可能性があること，乳幼児はこの初期段階の信頼を特定の愛着の対象者との相互交渉を通して獲得し，修復の可能性があるとしても，精神的健康やそれを可能にする人的資源の活用と密接に結びついていると考えている。

(2) 0・1・2歳児保育への保育者の問題意識

ところで少子化の現在では，親の意識が大きく変わってきている。子育てに意義を見いだすよりも親自身が自分の生活を楽しむことに価値を置きはじめた昨今では，委託を受けた保育所側では従来とは異なった課題が生じているのではないだろうか[10]。

東京都内の乳児保育（0・1・2歳児クラス）にかかわっている保育者の研修として，保育者各自の実践研究レポートの発表会に3年ほど参加したことがあ

る。その報告レポートの内容を次のようにまとめることができる。
① 発達に関すること
  - 運動機能……移動運動や二足歩行が順調に運ばない乳児，肥満傾向のある乳児の運動機能
  - 情緒の発達……「泣く」という表現の意味するもの，自我に目覚めた子どもの要求の受け止め方
  - ことばの発達……ことばの発達と情緒との関係，人とのかかわりとの関係，外国人家庭のことばの発達
  - 発達と環境……親や保育者とのかかわりにおいて
② 生活習慣に関すること
  - 睡眠と生活リズム，夜型生活との関連において
  - 食事に関して，朝食の必要性，摂食機能の発達，特に咀しゃくに関する指導，食事に関心を示さない子どもの指導
  - おむつに関して，紙おむつと排尿の自立
③ 保育者の気になる子どもとその行動に関して
  - 気になる行動……かみつき，物を投げる行為，自閉傾向，指しゃぶりなど
  - 気になる子ども……自分の気持ちを表出しない，環境の変化に過敏に反応する，自分中心の行動をとる，それらの子どもへの対応
  - 期待する子ども像に関して……家族が求める良い子像への対応，能動的な子どもとして育つための指導と援助
④ あそびと環境に関して
  - あそび・玩具……あそび環境を作る，0・1・2歳児のそれぞれに適した玩具・遊具，遊具で遊ばない乳児とのかかわり
  - 散歩……1歳児，2歳児にとっての散歩の距離，適切な散歩
  - 連絡帳……連絡帳の役割の再考
⑤ 子ども―子ども関係
  - 気になる子どもやその行動の他児への影響（かみつきの他児におよぼす影響など）

⑥ 保育者の子どもへの対応
　・気持ちの通い合う関係作りなど
⑦ 保護者への対応
　・親と子どもとの関係の修復
　・園生活を楽しく過ごすための子どもと保護者との関係
　・育児不安の親に対して
　・親になりきれない父母への対応
　・親子を支える保育者の役割
　・子どもに関する親と保育者の理解のずれ

　0・1・2歳という年齢の条件があるためか，子ども同士の関係への保育者の関心は薄い。保育者にとって気になる子どもやその行動に対する関心は強く，その行動自体の調整や他の子どもとの関係の調整が関心事となっている。
　子どもの気になる行動は，親との関係から生ずる可能性もある。よって親の側のもつ問題への援助，親と保育者の間の子どもの見方のずれや関係の調整など，最近では子育ての援助や指導を必要とする親の増加から，園に委託する親子をともに支える園側（または保育者）の支援の需要が高まっており，当該園だけでは対応が難しく，関連機関や治療にかかわる職種との連携など地域ネットワークの方向が求められている。
　1つの参考例として，筆者も細々と15年間にわたって参加してきた「家族を支える東村山の地域ケア」の実践報告集がまとめられていることを紹介しておく[11]。

4．幼児の自発性に関する今後の課題

（1）日米調査から得た示唆

　昭和60年代に行った共同研究「幼児の自発性の発達」[12]の終盤として，就学前6歳児（幼稚園年長組）の自発性に関し，1園ずつであったが，日米両国

4．幼児の自発性に関する今後の課題　15

の調査[13)]を行った。

目　的：幼児の自発性は，日本の幼児よりもアメリカの幼児の方が能動的であるところから，アメリカの幼児の方が良好に発達しているのではないかと想定した。

なお，本調査では，自発性は「人間の内に生まれながらに存在しており，生活の原動力となるものである。それゆえに，他人からの指示や強制によるものではなく，自己自身のもつ内的欲求によるものであり，自己の興味と自己の成長発展のエネルギーに支えられて，自己実現していく行動に導く力である」[14)]とその概念を説明しておく。

対　象：これまでの研究対象としてきた同一園である東京都内M私立幼稚園の年長組男女児70名（卒園時の3月調査）と，アメリカ，フィラデルフィア州，

表1-1　1日の教育（保育）スケジュール

Pitts.(N校)		東京（M園）	
A. M.		午前	
9：00	Opening	9：10	登園
9：20	Alphabet Activity		あそびを中心とした活動
9：35	Music and Story		（当番は小動物の飼育）
9：55	Group Activity		
10：30	Play Groups	11：00	昼食の準備
11：05	Library		昼食
11：35	Prepare for Dismissal		
11：40	Dismissal		
P. M.		午後	
12：50	Opening	12：30	グループ別活動
13：00	Library		（総合活動など）
13：35	Alphabet Activity	13：10	降園の準備
13：50	Musical and Story	13：40 ⎫	降園
14：10	Group Activity	14：00 ⎭	
14：20	Prepare for Dismissal		
14：45	Play Groups		
15：30	Buses Dismissed		

ピッツバーグのWexford地区の私立N小学校1学年入学直後の男女児59名を対象とした。この時期に行ったのは，両者ともに就学直前という条件を同一にしたためである。

また，対象児の生活背景の近似を求めて，住宅地であり，かつ中産階級層の地域を選択した。Wexfordの対象児は小学校入学直後で，調査日から授業が開始された。よって入学前のKindergartenの教育内容を東京の対象園とともに表1-1に示す。

なお，ピッツバーグの幼稚園は半日制保育を行っていた。

調査方法：

(1) 両対象児たちの担任に，筆者が作成した就学前6歳児用，幼児の自発性の発達に関する行動評定（12大項目16小項目）を依頼した[12]。

行動評定の項目は，①課題への取り組み方，②あそびへの取り組み方，③課題を行っていて難しい問題にぶつかったとき，④集中性，⑤独立性・自立性，⑥言語的表現，⑦課題の発見，⑧探索活動，⑨好奇心，⑩創造性，⑪自制，⑫仲間関係　とし，その評定は3段階評定（0，1，2点）のため，得点は0点から32点の範囲となる。

ただし，Wexfordの場合は，小学校入学前のKindergartenの担任に評定を依頼した。

(2) 質問紙調査：幼稚園の役割，教育（保育）内容，子どもへの関心（行動異常を示す子どもへの関心など），帰宅後の子どもの生活，などから教師（保育者）の幼児教育への考えと関心を調査した。

結　果：結果については，次項に取りあげる課題が導かれた結果，すなわち今後の研究課題として明らかになった事柄を中心とする。

幼児の自発性得点はWexfordの子どもたちの方が良好である。

表1-2および図1-1から明らかであるように，WexfordN校の子どもたちの方が，得点19～32点に属する者64.4%，それに対して東京M園の場合は16～18点45.7%である。

さらに評定項目別に検討した結果では（表1-3），Wexfordの子どもたちの

4. 幼児の自発性に関する今後の課題

表1-2 自発性得点の比較 ( ):%

	Pitts.(N校)			東京(M園)		
	男	女	計	男	女	計
19点以上	19 (63)	19 (66)	38 (64)	15 (33)	9 (38)	24 (34)
16～18点	6 (20)	5 (17)	11 (19)	18 (39)	11 (45)	29 (41)
15点以下	5 (17)	5 (17)	10 (17)	13 (28)	4 (17)	17 (24)
計	30	29	59	46	24	70

図1-1 自発性得点の比較

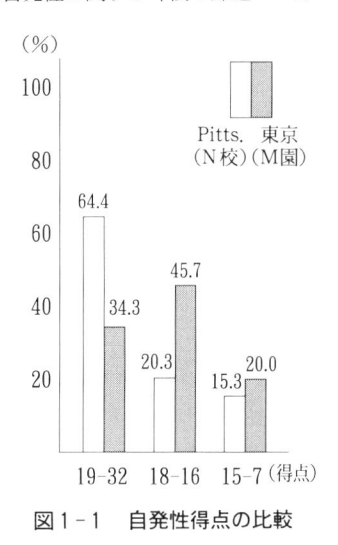

表1-3 就学前6歳児の自発性カテゴリー別比較

カテゴリー	Pitts.(N校)	東京(M園)
・あそび(小集団)への取り組み方	11.1%	0 %
・集中性	11.1%	3.3%
・言語的自己表現	7.4%	13.1%
・課題の発見	7.4%	19.7%
・探索活動	0%	13.1%
・好奇心	0%	8.2%
・創造性	18.4%	4.9%

(Kiyoko Chiba ほか, Self-Motivated Behavior in Early Childhood, 児童研究, 75, 1996 より特徴の認められたN校から3項目, M園から4項目を抜粋)

育ちは，次のように言える。
① 課題への取り組み方やあそびへの取り組み方は，小集団の場合に興味や関心を示し，乗り気で参加している。
② いったん何かを始めると，それに集中し，周りが少々騒がしくても妨げられることがない（集中性）。

③ 手本が一応示されても自分の工夫が見られる，あそびを工夫したり，新しいやり方を工夫したり，新しいものを作ったりする創造性の項目の比率が高い。

一方，東京M園の子どもたちは，次の項目の比率が高かった。

① 課題を理解して自分から卒先して始めたり，自分からあそびを見つけて発展させたりする課題の発見。

② 先生（保育者）の質問や話しかけに対して自分の意見や考えを述べる言語的自己表現。

③ 身辺のものに広く興味や関心をもち，その興味や関心を自分の力で発展させる探索活動。

④ 周りの出来事に対して興味や関心をもち，何か変わったこと，面白いことに気づく好奇心。

質問紙調査の結果の詳細は省略するが，質問紙調査と評定項目との関連で明らかになったことは，Wexford の先生たちは Kindergarten（アメリカでは就学前1年間の幼児教育を称する）や Elementary School（初等教育）での教育のねらいは意欲や自発性を育てることよりも創造性の開発に関心が向けられている。自分でやろうとする意欲にかかわる面への関心は，2・3歳ころまでに家庭教育において行われる側面であり，学校教育のねらいの範ちゅうに入っていないのである。調査に当たってまったく予期していなかった回答であった。

筆者らの考えている自発性の概念を Wexford の先生たちにどの程度理解していただけたか，自発性に self-motivated behavior の英訳を当てたことから，主体性を育てることの意味で理解されたかもしれない。いずれにしても，自発性を育てることは学校教育においてよりも2・3歳ころまでに家庭教育で行ってくることがらであると言うのである。

わが国の幼児教育においては，教育基本法に基づいて，自主性を育てることをひとつの目標にしている。それぞれに特徴が認められ，そこには基盤となる文化の相違が大きく関与していることが考えられ，筆者の今後の研究に大きな示唆が与えられたのである。

(2) 3歳未満児への課題

そこで本項で取りあげたい内容は，わが国の子育てとアメリカの子育てとにおいて，特に「自発性を育てる，意欲を育てる」ことに関する親の意識と子どもの扱いに，どのような特徴が見られるかということである。両国間の比較研究となると課題があまりにも大きくなりすぎるので，わが国の場合を主体とし，アメリカの場合は参考程度にとどめることとする。

ところで，これまでのものを修正して，幼児の自主性の構造を表1-4のように考えている。なお，自主性の概念は，平井信義による「自己の内的欲求に基づき，自己を追求し，自己の真の価値を実現するために，他者に影響・強制されず，依存しない能力を重要視しながらも（人の主体的側面），事態を多方面から分析し，自己の言動に反省・批判を加えながら，自己の欲望に一方的に支配されない，他者との関係を配慮して責任をとる能力（人の社会的側面）」をも含めて考えている。

しかし幼児期では，これまでの研究から「自発性」が中核的要素となると考えて研究を進めてきた[14]。

対象を幼児期（3歳から就学前6歳児）から3歳未満児に下ろすとすれば，先にあげた行動評定項目（p.16）の柱は修正せざるを得ない。すなわち，① 愛着対象者の選択と愛着行動，② 運動機能（運動行動），③ 集中性，④ 感情表出（自己主張を含む），⑤ 自立性（自分でしたがる），⑥ 探索活動・好奇心，⑦ 他児への興味・関心，⑧ 言葉によるコミュニケーション が考えられる。しかしこ

表1-4 幼児の自主性の構造

判断力	役割認知	責任性	社会的側面
自己統制		自律性	
葛藤			
独立心	主体性	独創性	主体的側面
自己主張・自己表現		自発性	
情緒の安定			

れらの項目の設定は思考上の段階にとどまっている。なお，乳幼児の愛着行動は愛着対象に向けた自発行動であり，情緒の安定につながるものと考えている。

さらに，特別の理由があるわけでもないが，前述の調査の結果を受けて，わが国の出生から3歳ころまでの子育て，すなわち育てることの考え方（育児哲学），何を育てることのねらいとするか，その方法・育て方などは，アメリカのそれと比べたとき，どのような特徴があると言えるのか。

基底に置く文化の差は誰もがあげる理由であるが，それだけでは今後の研究を前進させることは難しい。

恒吉僚子らの育児の国際比較では，子育ての社会的意味を考えたとき，ボーダレスの時代に入っている面もあり，「文化」の差が見えにくくなってきている面があると言う[15]。

アメリカの「しつけの目的は，子どもの反抗的な意志を"砕く"（break）ことではなく，"形づける"（mold）ことへと変化していった」，「自立，工夫する力，自主性というような，いわば表現力志向を強調するようになった」，「望ましい子育ては，慎重に規律と自由のバランスを保つものであり」，「子どもは自ら探索することによって世の中を発見し，自分の意見を述べることを求められる」など。

現在，前項での示唆を受けて，生後5か月ころから3歳ころまでの期間にわたって，親を悩ませている「反抗」を取り上げ，反抗の芽生えからその消長を，親との対応を含めて，数例であるが個体追跡によって資料を収集し，その整理に入ろうとしている。

5．結びとして

以上，筆者のわずかな研究を概観すると，理論を構築するということよりも，勤務の歩みに沿って研究の内容が左右されていることがわかる。しかし共通項を見いだすとするならば，いずれも保育実践の場をフィールドにしていること，研究方法として観察による個体追跡の方法がとられていることである。

5. 結びとして

　個体追跡，縦断的方法は時間を要し，能率が良いとは言えないが，子どもの育ちを研究していく上では，基本的な方法論であると考えている。そこに関与する関係要因とのかかわりのもとで，分析を試行錯誤しているうちに求め得た子どものひとつの変化点，そしてそこから新しい世界に歩みを進めていく姿に触れることができたとき，それは至福のときである。

〔引用文献〕
1) 乳児院養育指針，全国乳児福祉協議会（1997），pp. 1-2
2) 繁田　進：母子関係研究の展望，心理学評論，**31**(1)，(1988)，4-9
3) 千羽喜代子・谷口喜久子：乳児院収容児退院後の経過に関する研究　第Ⅱ報　退院3か月後および5歳～7歳における家庭退院児の場合，小児の精神と神経，**10**(1)，(1970)，35-41
4) 全乳協30年史，全国乳児福祉協議会（1986），pp. 1-57
5) 全乳協50年史，全国乳児福祉協議会（2000），pp. 113-126
6) 千羽喜代子：展望0・1・2歳児保育—実践と研究，保育学研究，**38**(1)，(2000)，88-97
7) 千羽喜代子ほか：思いやりの精神構造とその発達過程第10報—その2．乳児における情緒の表出と自己受容，日本保育学会第46回大会研究論文集，(1993)，300-301
8) 小林　登・前川喜平・高石昌弘：乳幼児発育評価マニュアル，文光堂（1993），p. 149
9) 天貝由美子：信頼感の発達心理学，新曜社（2001），pp. 8-14
10) 柏木惠子：子どもという価値，中央公論新社（2001），pp. 1-228
11) 実践報告「家族を支える東村山の地域ケア」第5回 Four Winds 全国大会，Four Winds 東村山（2001），1-61
12) 千羽喜代子：保育内容・指導上の要点，乳幼児保育学，福村出版（1993），pp. 83-106
13) Kiyoko Chiba ほか：Self-Motivated Behavior in Early Childhood，児童研究，**75**，(1996)，37-44
14) 千羽喜代子：幼児の自主性の発達と保育，家政学雑誌，**36**(1)，(1985)，65-68
15) 恒吉僚子・S．ブーコック：育児の国際比較，NHK出版（1997），pp. 56，146-147

第2章 表情からみる乳児の発達的変化とその理解

1. はじめに

　ことばを操ることのできない乳児にとって，彼らができる数少ない手段のひとつである表情表出は，彼らの声や身振りと同様に，乳児と個体外とをつなぐ重要な「かかわり」の要素である。そして，「かかわり」の手段としての表情表出活動は，生後の「発達」という軸に沿うように，その様相を変え，やがてヒト社会の表現に適応していく。

　発達が未熟であり，人的関係の学習経験に乏しい乳児でも，その表情は多彩である。ヒトの表情が，生得性と学習性との重なりや混在の中で発達し形成されていくことを考えるとき，その過程を見るには，乳児期の表情表出に注目することが大切な作業となる。

　本章では，表情のもつ生得性と，乳児期における表情の変化について，その過程と発達的な理解を検討することを目的とする。

2. 乳児の表情を考える

（1）生後まもなくにおける泣きと笑い

　生まれて間もない乳児は，例えば空腹などのような自己の不快状態を，「泣く」という表情で表している。つまり，乳児期初期の「泣き」は乳児の内的状態をそのまま反映したものであり，乳児の表情は内的状態の窓であるというこ

とができる[1]。さらに,「泣き」の表情は結果として,多くの場合,周囲のおとな(養育者)を動かし,乳児の欲求は満たされ,快的状態へと導く原動力にもなっている。やがて養育者との間に愛着が形成されると,見知らぬ人に対し,「人見知り」の表現として不快な表情で「泣く」ことがみられる。

一方,笑う,「笑いの表情をする」ことはどうであろうか。生後間もない乳児に,初めて「笑い」の表情が見られるのは睡眠時における微笑である。まるで快い夢を見ているかのような「一瞬のほほえみ」の表情ではあるが,この表情は,一般に生理的な反射に起因するものと解釈され,生理的微笑(新生児微笑)と称されている。そして,生後1~2か月を過ぎるころ,乳児がおとな(養育者)にあやしかけられた際,あやしているおとなをまっすぐに見つめながら「にっこりほほえむ」表情が見られるようになる。ヒトとのかかわりの中から表出されるこの微笑は,社会的微笑と言われ,情緒的な表情として理解されており,これら2つの笑いは質的に区別されている。

これらのことから,生後初期の乳児に見られる泣きや笑いの表情には,漠然とした不快や生理的反射などのような周囲とは無関係に個体の内側から発せられるものと,ヒトとのかかわりの中で表出されるものとがあることがわかる。

(2) ヒトの表情形態と生得性

ヒトの顔面表情は,文化の違いを超えて多くの共通性が認められている。また,先天的盲児の表情が,一般の健常児のそれとおおむね同様であることも明らかにされていることから,ヒトの表情の基本形には生得性が高いとされている[2]。

表情研究は,1960年代から1970年代にかけて,動物行動学者や比較行動学者らの理論によって一躍注目されることとなり,この分野の研究としては100年以上前のダーウィン理論以来の進歩を生むきっかけともなった。彼らは生物学的なアプローチによって,ヒトのもつ行動的特徴をとらえ,それらを浮き彫りにしている。

K. ローレンツは,ヒトには,ヒトの表情の簡単な模倣で"だまされる"という特徴があることを説明した。それは図2-1のような単純な絵を見ただけで,

われわれヒトは、ほほえみや友好的な印象（A）や、寂しげ、または泣いているような、怒っているような非友好的な印象（B）を受けやすいというもので、ヒトには非常に単純な注目点（目・口元など）に注意を向ける傾向があることを明らかにした[3]。また、このことはさらに「ヒトには笑いと泣きに代表されるような表情表出と、その表情の読み取りにおいて、人類に共通するプログラムが備わっている」ことを示唆している。

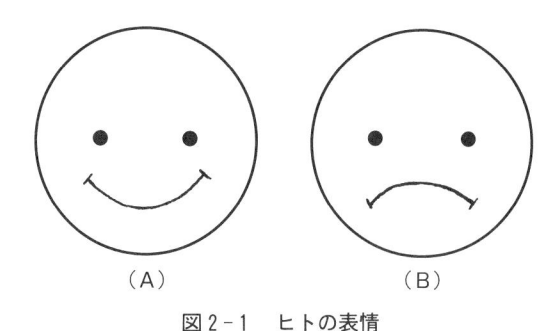

図2-1　ヒトの表情
（E. アイベスフェルト，人間は白紙で生まれるのではない，月刊アニマ，**44**，平凡社，1976，p.47）

　次に、ヒトが笑う表情や泣く表情をする際の具体的な様相を見ていく。例えば、ヒトが「笑う」ときの顔面表情は、主に「口の両端（口角）を上方へ引きあげる」ことにより表出されている。また、そのとき細部では「口を開けて歯を見せる」、あるいは「口を閉じる」などが示される。目についても、「細める」、「大きく開く」、などが見られ、眉では、「全体を上方に引きあげる」、「眉尻を下げる」などで表される。ヒトは、これら口、目、眉、などの部位（パーツ）のバリエーションを組み合わせることによって、表情の微妙な変化や意味合いを巧みに表現している。

　また、「泣く」表情では、笑う表情とは対照的に「口角を下方に引き下げる」ことを主として表情を表出している。目、眉などの細部は「目を細める」、「目を大きく見開く」、「眉間を寄せる（眉をそばめる）」などにより、泣く表情を表している。ここでも、笑う表情と同様に、口、目、眉などのさまざまな組合せにより、そのわずかな情緒的な違いを表現しているといえよう。

（3）表情のもつ機能

　前述のように、表情には、主に2つの働きが考えられる。

その1つは,「表出する」という機能で, うれしい, 悲しいなどのような情緒の内的状態の表出手段として, われわれヒトの中に遺伝的にプログラミングがなされているというものである。情緒とは,「内的経験的側面」,「神経生理的側面」,「行動表出的側面」の3要素が絡み合いながら発動されるもの[4]とされているが, この「行動表出的側面」の中に表情が位置づけられる。

また1つは,「読み取り」の機能で, 自己以外（他者）の表情に対する感受性もしくは表情認知の手掛かりとして存在する。

これらに関しては,「顔は自分と他人, そして他人同士を区別する手掛かりであると同時に, 自己の感情状態を相手に伝え, 相手の感情を知る重要な情報源であり, さらに感情, 性, 人種などに関するメッセージを伝える多重通信システムである（Ekman, 1975）」[5]と言われている。

このように, 表情には送信（表出）と受信（読み取り）の機能があることがわかったが, それでは, 乳児と母親（養育者）とのかかわりの中で, この機能はどのように説明されるだろうか。

親子間における表情表出は, 乳児の内的状態を伝え, 養育者から適切な養護行動を引き出す働きをしていると同時に, 乳児は, 養育者の表情表出を参照することによって, 状況の利害を把握し, それに応じて適応的な行動を組織化することも考えられる[6]。つまり, 表情（信号送出）とは, 子どもにとって, 生命保持の目的から養育者を自分に近づけておくために進化してきた行動レパートリー[7]であり, 子どもはこの行動レパートリーとしての表情を表出する一方で, 身近なヒト（養育者）からの表情を受け取り（受信）, その読み取り作業を繰り返し行うことの中で, 送信と受信とを学習していることになる。乳児と養育者は, この表情機能を相互に作動させながら, かかわり続けているということができる。

（4）表情の社会性

先に, ヒトにおける表情表出には, 生まれもって備わっているもの, つまり「生得性」が高いことを述べた。しかし, 乳児の表情は, いつまでも生後まも

なくに見られるような「笑い」や「泣き」のままだろうか。

　実際には，乳児の表情は，発達とともに確実に複雑化していき，その種類（バリエーション）が増え，ヒト（おとな）社会に的確に通用するような「社会化された表情」を表していく。

　C. ダーウィン（1872）は，ヒトの表情の発達は生得的な規則性に支えられており，表情や身振りには，種間類似性（系統発生的連続性）がある[8]ことを指摘している。

　しかし，他方で，盲児と健常児との比較研究からは，健常児の表情が年齢とともに社会化されていくのに対して，盲児の表情はほほえむことが減退していくことが報告されており（Thompson, 1941 など），このことは，ヒトにおいてほほえみの表情が発達（社会化）していくためには，社会的フィードバックが必要であることを裏づけている[9]。

　すなわち，ヒトには「笑う」，「泣く」などの生得性の高い表情が備わっているが，生後に繰り返される対人関係からの学習により，それらは発達過程の中で複雑化していき，徐々に人間社会の高次な表情を身につけていくとされている。

　例えば，乳児期初期における生理的微笑と社会的微笑との質的差異を，発達的にとらえようとする場合には，乳児がある対象に注意を集中することができる程度の，覚醒時の精神活動レベルに達することが，社会的微笑を出現させるための発達条件である[10]と考えられる。それを月齢でみると，生後1～2か月頃は生理的微笑と社会的微笑とが混在して出現し，生後2～3か月頃から社会的微笑が増加していくのに対して，生後5か月以降に生理的微笑は減退する[11]ことが指摘されている。

　次に，乳児期における表情の様相の発達的変化について，筆者の追跡調査の結果に沿いながら検討していく。

3．育ちからみる表情──家庭児の観察記録から

1人の乳児が日々の中で表す，何気ない表情を追っていくと，時間的経過とともに見られるその変化に改めて驚かされることがある。

生後18か月間を経た子どもの表情には，生まれて間もなくの乳児期に見られる，無垢でどこか戸惑うような様相は少なくなる。そこには，すでにヒト社会でのかかわりに慣れ，人間らしい伸びやかな表情を表出する姿があり，明らかに乳児初期の表情との違いを感じることができる。

その変化の過程を，2名の乳児を対象とした縦断的調査の結果から見ていくことにする。

（1）追跡調査について

本調査は，家庭で育てられている2名の乳児（男児）を対象とした。

観察方法は，筆者が各家庭を定期的に訪問して，日常的に行われる育児の現場に居合わせながら記録をとっていく参加観察法を用いた。記録方法は，筆記法と撮影法とを併用した。

観察場所を対象児の各家庭においた理由としては，人的・物理的に乳児の日常的環境を損なわない状況下での，乳児の表情表出をとらえることを重視したためによる。

観察期間はそれぞれ次のとおりであり，観察間隔はおよそ2週間に1回，また1回の観察時間は約3時間であった。

T児：生後1か月から18か月までの18か月間

D児：生後2か月から9か月までの8か月間

それぞれの家庭環境を簡略に説明すると，T児は第一子で，両親と祖父母との5人家族である。D児は第二子として生まれ，両親と5歳年上の姉との4人家族で，階下に祖父母と叔父が居住している。いずれの母親とも，観察対象児の主要養育者であり，終日家庭において育児に携わっている環境にある。

(2) 笑う・ほほえむ表情

1) 母親を見つめながら少しほほえむ、一瞬笑い顔をする

生後1か月。授乳の直後などに母親に抱かれあやされると、母親を視覚にとらえながらおだやかな表情で見つめ、口をやや開き気味にしてほほえむ（Tくん、図2-2）。また、一瞬目を細め、口角をあげて笑い顔をする（Tくん、図2-3）。

生後1か月は、生理的な欲求が満たされていれば眠っている場合が多い。しかし、母親に抱っこされるととたんに表情の変化が活発になり、驚いたような落ち着かないような、実にさまざまな表情をする。抱っこされてあやされることは乳児にとって、触れる（触覚）、見る（視覚）、聞く（聴覚）など複数の刺激を一度に受けることになる。それによって乳児の反応が引き出され、表情に反映されているのだが、それらの表情はヒト社会の表情としては、見ている者にぎこちない印象を与えることも多い。だが一方で、1か月児のそのような表情は「表情と表情とでコミュニケートしている、子どもの気持ちが伝わってくる、自分を見て笑ってくれる」という母親側の情緒的なとらえかたをも引き出している。それらに支えられた母親から乳児への交流意欲が、日々の育児の中で「乳児を繰り返しあやす」行動の原動力にもなり、日を追うごとに「母親―

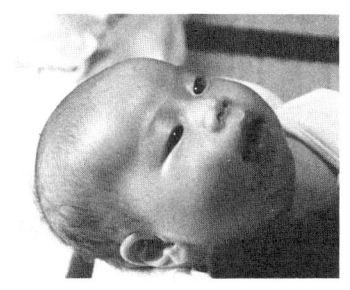

図2-2　おだやかな表情（1か月） 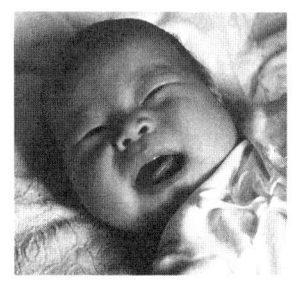　　図2-3　一瞬目を細める（1か月）

子ども」間の表情と表情のやりとりは，その頻度や疎通性を高めていく。

2）にっこりほほえむ

生後2か月。母親に抱っこされたり，あやしかけられたりすると，母親を見つめてにっこりほほえんだり，小声を出したり手足を動かす（Dくん）。笑うときに声を出すことが多くなり，口に指を入れて母親を見ながら笑ったり話しかけるように声を発したり，瞬間的に大声を出してから笑う（Tくん，図2-4）。

あやしかけられたことに対して，にっこりほほえむという表情は，それを見る側（特に母親）にすれば，より「はっきりとした笑い」として受け取れることにつながる。この時期は，乳児が示すさまざまな反応も増えるが，機嫌の良いときには表情表出とともに，声が多く出るようになることもそのひとつである。

3）視線が合うとにっこり笑う，大きく口を開けて笑う

生後3か月。機嫌の良いときには，母親や筆者に対して，大きく見開いた目を向けて視線を合わせ，みずから話しかけるように喃語を発しながら笑う。あやしかけられると，あごを下に引きながら，口を大きく開けて笑う（Tくん，図2-5）。

笑いは，さらに「口を大きく開ける」などヒトらしい表情が増し，その持続時間は伸びていく。見る側には情緒性の高い表情と受け止められやすく，母親などにとっては，乳児のかわいらしさが一層強く感じられるようになる。

4）引きつるように笑う，素早くほほえみかえす

生後4か月。ことばがけされると，口元を閉じたままで目を細めてほほえむ

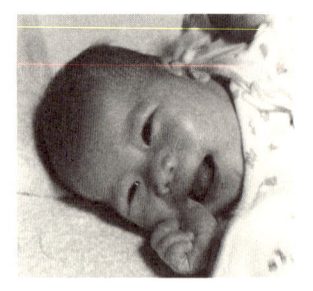

図2-4　口に指を入れて（2か月） 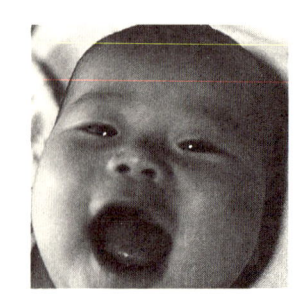　　図2-5　口を大きく開けて（3か月）

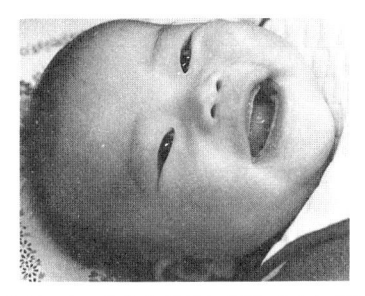

図2-6　おかしそうに笑う（4か月）　　図2-7　声をあげて笑う（4か月）

（Dくん）。

　抱っこされたりあやされるときには，はっきりとした視線で相手を見つめ，大きく口を開け声をあげて笑う。「ヒー！ヒー！」と引きつるようにしながらおかしそうに笑うこともみられる。（Tくん，図2-6）。

　「Tくん！」と呼ばれると，すばやく視線を合わせてほほえみ返したり，声をあげて笑う（Tくん，図2-7）。

　口を大きく開けたダイナミックな笑いの表情を表出する一方で，相手を見続けながら目を細めてほほえむなど，「笑い」の表情形態のバリエーションが豊かになる。また，「ほほえみかえす」のように，あやされたり，ことばがけされた後ですばやく笑いの表情を示し，相手に対して友好的な情緒を伝えている。このように，他者の表情に対しての乳児の受けこたえが，より早く円滑になるのは，「ヒト社会における表情やりとりの習慣性」に乳児が順調に馴染みつつあることの裏づけと考えられる。

5）ニコッと笑う

　生後5か月。D児のそばで姉が金物をたたいてみせると，音のした方向に素早く視線を向け，声を発しておかしそうに笑う（Dくん）。

　少し離れた場所にいる母親と視線が合うと，ニコッと笑う（Tくん，図2-8）。

　乳児は母親から離れた距離にいるにもかかわらず，「ニコッと笑う」ようになる。それは，距離感があっても乳児が「見る」という視覚刺激だけで，相手の表情からその情緒を理解することができた上に，母親との「かかわり」を成

32　第2章　表情からみる乳児の発達的変化とその理解

図2-8　ニコッと笑う（5か月）　　図2-9　おもしろそうに笑う（6か月）

立させ，またそのようなコミュケーション方法に乳児自身が満足することができるようになったことを意味している。

6）声をあげておもしろそうに笑う

　生後6か月。筆者からおもちゃを差し出されると，それを両手でたたきつけ，おもちゃが音をたててひっくり返るのを見ると，筆者に目をやり，声をあげておもしろそうに笑う（Tくん，図2-9）。

　自己活動（ひとりあそび）が増える生後6か月には，物に手を伸ばして触る，つかむ，たたくというように手の動きがさかんになり，その操作も的確になってくる。生活経験に広がりもみられ，物の性質を理解しはじめる。そのひとつの現れとして，乳児がおもちゃの音にも驚くことなく「おもしろい」こととして受け止めているからこそ，「笑う」という表現が引き出されている。笑うことのモチベーションとして，それまでに見られた「あやされてうれしい，漠然とした楽しさ」というもののほかに，「おもしろい，おかしい」という情緒が新たに加わったことが推察できる。

7）高らかな声で幾度も笑う，笑いかける

　生後7か月。自分からすすんでふすまでイナイイナイバーをやりだし，筆者が合わせるように「…バー！…バー！」とこたえると，喜んで笑いながら幾度も繰り返す。ボールが大きく弾んで転がるのを見て，ボールが転がる度に「キャハハハ…！」と声高らかに笑う（Dくん）。

　母親と一緒に鏡を見て遊んでいるとき，鏡を見ながら「ヒー！」と息を吸い

ながらケラケラと声をあげて笑い，おもしろがるように幾度も繰り返して笑う（Tくん，図2-10）。

自分からおとなに顔を近づけて，大声を発してからいたずらそうな表情を浮かべて，親しげに笑いかける（Tくん）。

母親や筆者とイナイナイバーをすることを喜び，おもしろそうに「キャハハ！」と声をあげて笑う（Tくん）。

図2-10 鏡を見ながら（7か月）

生後7か月の笑いには，大きな変化がみられる。1つは「自分から笑いかける」ことで，共感を求める，他者に対して積極的にかかわりをもとうとするなどの乳児自身の意図性が感じられるような表情が現れることである。もう1つは，笑いの中に「はしゃぐ」などの快情緒の顕著な高揚が見られることで，D児，T児ともに母親とのあそびの場面で，そのおもしろさを確かめるように幾度も繰り返しては笑い，笑うたびに気持ちも高揚していくようすが見られる。

8）得意げに笑う

生後7か月。家族に「もしもしは？」と促されると，家族に視線を向けながらすぐに電話をかけるポーズをする，それを褒められると目を見開きながらうれしそうに得意げに笑う（Dくん，図2-11）。

生後10か月。母親や筆者が「Tくんはどこ？」と部屋の中を捜すふりをすると，カーテンの中から声を発して片手をあげながら現れ，得意げな表情で笑う。

生後11か月。T児が好物を手に持っているとき，筆者に「いいなー，おいしそうだなー」と声を掛けられると，機嫌よく得意げな表情で笑う

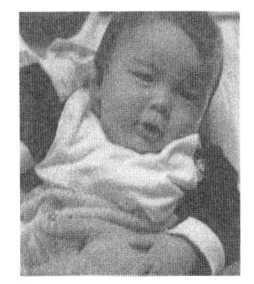

図2-11 電話のポーズ（9か月時のもの） 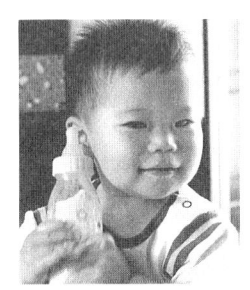　　図2-12 得意げな表情（11か月）

(Tくん，図2-13)。

得意げな表情をして笑うことは，7か月ころから見られるようになり，その後しばしば，おとなとのかかわりの中で表出する。その場面としては，おとなに褒められる，自分が注目される，要求が通り満足していることを認められる，などの場面に多く出現している。

9) 相手の反応に期待をもって笑いかける

生後8か月。姉と一緒に遊ぶとき，機嫌よく楽しそうな表情でさかんに喃語を発する，姉がD児の喃語に相づちを打つと，姉の顔を見て嬉しそうに「エーエー」と発しながら笑う（Dくん）。

食事をとるためにベビーチェアに座らされると，母親や筆者を見て「ヒッヒッヒ！」と発しながら目を細めて口角を左右に引き，顔面を引きつらせるように笑いかける（Tくん，図2-13）。

食事中，母親に向かってわざと口の中の食べ物を「ブー！」と吹き出すことを繰り返しやり，母親の反応をうかがうように，いたずらそうに笑いかける（Tくん）。

図2-13 ヒッヒッヒと笑う（8か月）

相手の反応を意識したような笑いかけの表情が8か月ころに出現する。乳児が意識的に笑いを投げかけるという，「かかわり」を期待して求めるような笑いの表出であるが，この表情は，この後さらに頻繁に出現する。

10) 甘えるようにほほえみかける

生後9か月。父親の膝に頬を擦り寄せ，甘えるような声でほほえみかける（Dくん）。

乳児とおとなのかかわりの中で，愛着が形成され，その関係の中で抱っこされたりあやされたりすることの心地よさを十分に体験しており，乳児が特定のおとなを好み，信頼している場合に「甘える」という情緒が芽生える。「甘えるようなほほえみ」には「ほほえみかければきっとこたえてくれる，受け入れてくれるはず」という予測が乳児の側にあるものと推察される。

11) おどけるように笑う

生後9か月。ひとりあそびをしているとき、「Tくん！」と声を掛けられると、相手の方を見て、笑う瞬間に、眉をあげて目を大きく見開いたあとでおどけるような表情をして笑う（Tくん、図2-14）。

生後11か月。母親や筆者に向かっておどけた表情をしてから笑いかける（Tくん、図2-15）。

笑いの表現に、「おどける、ふざける」ような笑いが現れ、乳児の笑いが、それまで以上に伸びやかな印象をもつようになる。ヒト社会の表情表現のバリエーションを確実に増やしていく過程が感じられる。

図2-14 おどけるような表情（9か月）

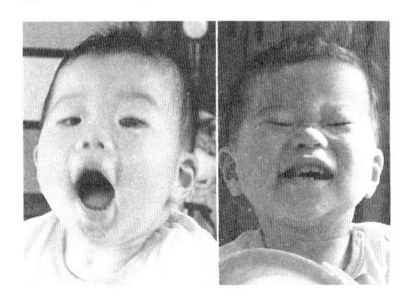

図2-15 おどけた表情をしてから笑う（11か月）

12) 口をつぼめて笑う、ごまかすようにいたずらそうな表情で笑いかける

生後10か月。遊んでいるときに声を掛けられると、口をつぼめてクスッと鼻で笑う（Tくん）。

いけないことと知りながらもしてしまったとき、母親を見ながらあごを引いて目を細め「シシシ…」といたずらそうな表情をして、自分の行動の罪悪感をごまかすように笑いかける（Tくん、図2-16）。

生後10か月の笑いには、それまでの笑いとは質を異にする笑いが出現する。それは、いけないことと知りつつやり、そのあとで母親の顔色をう

図2-16 いたずらそうな表情（10か月）

かがうように見ながらの笑いである。「楽しくて笑う」という単純な笑いとは違う意味合いを含んだ笑いで、精神性の成長の速さが感じられる表情である。ヒトだけがもつ、「笑うという表情の複雑性」の域に、この時期の乳児が、すでに達しようとしていることに驚かされる。

13）ニヤニヤ笑う

生後11か月。いけないとわかっていることをやったとき、母親の反応をうかがうように、やや緊張したような表情でニヤニヤ笑いながら見つめる（Tくん）。

生後15か月。母親にいたずらを見つかり、「あーあ」とたしなめられるように言われると、ニヤニヤと薄笑いを浮かべながら母親の口調を真似て「あーあ」と言いかえし、母親に抱きつこうとする（Tくん、図2-17）。

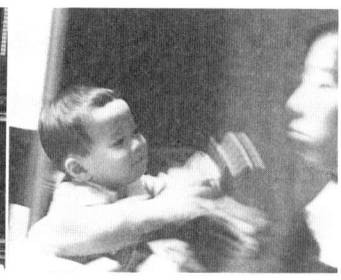

図2-17　母親に抱きつこうとする（15か月）

生後10か月に発現したごまかしの意味を含んだ笑いが、その後さらに「ニヤニヤ笑う」という、バツの悪さを表すような表情として出現する。ここにあげたエピソード場面では、母親にたしなめられてT児の心理は不快であろうことが推察されるが、不快から快へ場面を転換させる手段として、また母親の不快表情を強制的に阻止あるいは無視するために、そして母親との友好的な関係を継続するために、笑いが使われているとも考えられる。T児の意図性を感じる笑いである。

14）ハッハッハ！と笑う、眉をあげて笑う

生後12か月。機嫌よくあそんでいるときに、筆者に声を掛けられると、眉をあげて目を見開き、大きく口を開いて「ハッハッハ！」と声を発して笑う（Tくん、図2-18）。

満1歳ころに「ハッハッハ」という伸びやかな笑いが出現するが、そこには

子どもが笑いを自在に表現するような，伸びやかな幼児の表情が感じられる。日々の表情のやりとりの中で，すでに多くの，ヒト社会特有の表情操作を習得しているようすがうかがえる。

15) 口に手を当て楽しげに笑う

生後13か月。筆者とあそんでいるときに，さいなことでも面白く感じるらしく，その度に口に手を当てて楽しそうに笑う（Tくん，図2-19）。

図2-18　ハッハッハと笑う（12か月）

生後18か月。母親や筆者とのあそびの中で，口に手を押し当てて顔面をくしゃくしゃにして目をつぶり，「クックックック」とおかしそうに吹き出して笑う（Tくん，図2-20）。

生後1年を経ると，豊かで伸びやかな表情に加えて，表現方法としての身振りが乳児自身の学習によって的確に使われるようになっていく。身振り表現が併用されることによって，乳児の情緒的表現である表情に，一層のバリエーションと社会性が増していくと考えられる。

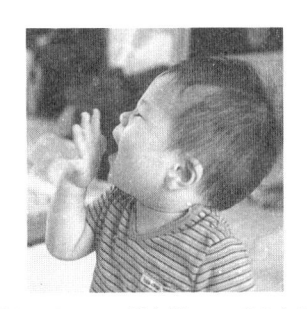

図2-19　口に手を当てて（13か月） 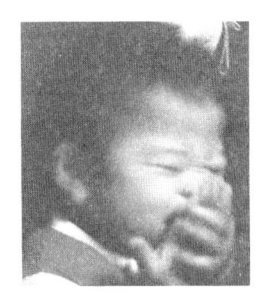　　図2-20　吹き出して笑う（18か月）

（3）泣く・ぐずる・怒る表情

1) 目をかたく閉じ顔を紅潮させて泣く

生後1か月。空腹などの生理的欲求が生じたとき，顔面に力を入れて紅潮させ，目を固く閉じて口角を下方に引き，リズミカルに泣く（Tくん，図2-21）。

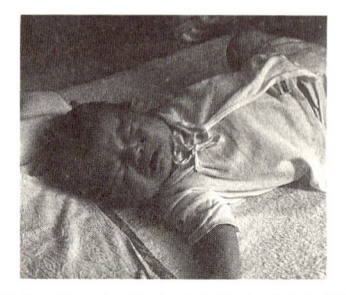

図 2-21　リズミカルに泣く（1 か月） 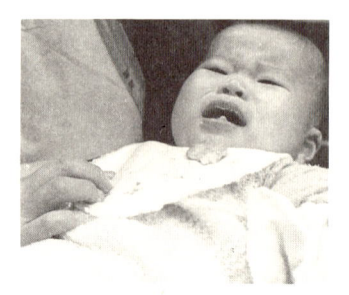　　図 2-22　母親を見ながら泣く（4 か月）

　生まれて間もなくは，乳児の泣きの原因は内発的なものであり，その刺激によって泣きが引き起こされていることが多い。その表情は目を固くつぶるなどのように，外界を遮断した，個体内の生理反射の域を出ないという印象のものである。

2）母親を見ながら泣く

　生後 2 か月。空腹のとき，落ち着きなくソワソワと身体を動かし，じれるような声を発して母親を見ながら顔をしかめて泣く（T くん）。

　生後 4 か月。食べている途中でやめさせられると，眉間を寄せて母親を見つめながら，ぐずり泣く（T くん，図 2-22）。

　生後 5 か月。抱っこしてほしいとき，両腕を広げて母親を見ながらぐずり泣く（T くん）。

　母親を見ながら泣く，目で追うなど，生後 2 か月ころから相手（特に母親である場合が多い）をよくとらえ，見つめながら表情を表出することが増え，その視線と情緒は相手に向かって投げかけられるようになる。

3）怒るような表情で泣く

　生後 3 か月。抱っこされたいにもかかわらず寝かされるなど，要求にそぐわない結果となったとき，呼吸を荒くしてぐずり出し，口に手を入れてさかんに指しゃぶりをしながら怒るように泣く（D くん）。

　あまり機嫌のよくないときに，おもちゃを無理やり手に持たされると，顔面をゆがめて左右に振り怒るようにさかんに喃語（なんご）を発して泣く（D くん）。

生後6か月。やりたいことを父親に阻止される（身体を押さえられる）と，身体をよじって抵抗し，表情に不快さを表して怒り泣く（Tくん，図2-23）。

漠然とした不快によっての泣きとは異なる，怒るような泣きの表情である。泣きの表情の中に乳児の「こうしたい」という意思が感じられ，それが実現できないことへの怒りとなって表出している。

図2-23 不快さを表して
（6か月）

4）かんしゃく泣き，訴え泣き

生後6か月。母親に抱っこしてほしいがなかなか抱っこしてもらえないとき，母親を見つめながら「ウバババー！」と訴えるような声を発しながら泣く（Dくん，図2-24）。

食べたい物がすぐには食べられないとき，母親の胸に顔を埋めてかんしゃく泣きをする（Tくん，図2-25）。

生後14か月。母親に叱責されると，床に頭を押し付けてかんしゃく泣きし，叱責される原因となったものにかみつく（Tくん）。

生後18か月。自分の思うようにならないとき，かんしゃくをおこし，眉をよせていら立つように手足をばたつかせながらぐずり泣く（Tくん，図2-26）。

「怒るように泣く」とつながる表情で，「～したい」という乳児の要求が実

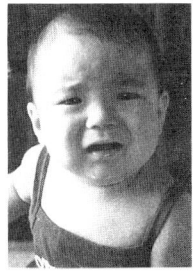

図2-24 訴える（6か月） 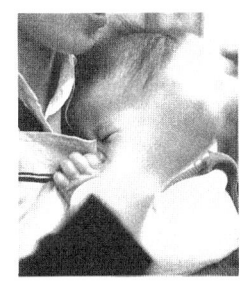　　図2-25 かんしゃく泣き（6か月） 　　図2-26 ぐずり泣く（18か月）

行できないことに対する，くやしさや不満という不快情緒の表情表現である。月齢が進むにつれてその表現は激しさを増す場面も見られる一方で，高月齢では，些細なことに対しても，かんしゃく泣きやぐずり泣きを一瞬だけ表現する場合も見られるなど，乳児が，かんしゃく泣きや訴え泣きの表現を，自己の要求を実現させる手段とするようになることも見られた。

5）泣いて顔をそむける

生後7か月。筆者や見慣れない人に声を掛けられたり抱っこされたりすると，表情を硬くして相手を凝視し，すぐに「ンマンマンマ……」と言いながら泣き出し，相手から顔をそむける（Dくん）。

生後半年を過ぎると，乳児は親しくない人に対して「こわい，近づきたくない」というような嫌悪感や不安感を抱くようになる。このような「人見知り」が原因となる泣きの場合に，単に不快で泣くだけでなく，さらに相手を自分から拒絶するという姿勢として，顔をそむける（視線をそらす）表現が使われるようになる。

6）にらむように見て怒る　上目使いでにらみ，口をとがらせて怒る

生後8か月。食事の際，もっと食べたいにもかかわらず，なかなか口に入れてもらえないとき，母親をにらむように見ながら「ウワーウ！」と発して両手でテーブルをたたく（Dくん）。

生後10か月。いけないことをして母親にとがめられると，上目使いでにらむような目つきで母親を見据え，口をとがらせながら怒るように声を発する（Tくん，図2-27）。

「にらむ」という，視線を使った表情をすることで，相手に対する不満や怒りなどの不快情緒を示している。「にらんで口をとがらせる」表情は，ヒト社会における不快表情の中でも，おそらくもっとも「人間らしい」もののひとつといえよう。1歳に満たないT児が，すでに，もっとも人間らしいその表情を表現しているということは，

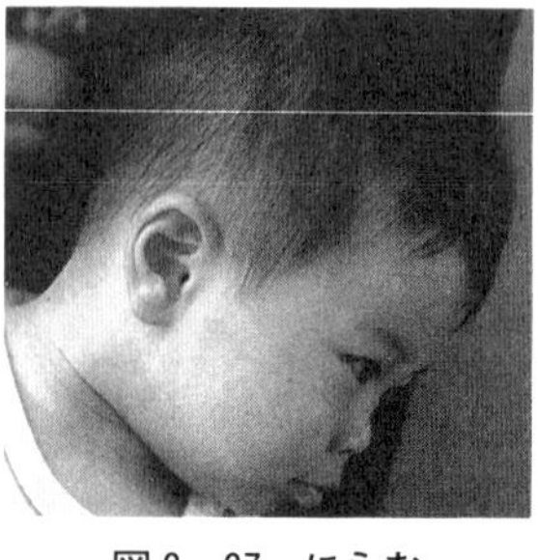

図2-27　にらむ
（12か月時のもの）

1歳未満児の表情学習の速さを裏づけている。

7）口をへの字にしてつき出して泣く

生後11か月。眠くなると，眉を寄せ口をへの字にして母親を見ながらぐずる（Tくん）。

食事中に好物がもらえないと，口をへの字につき出し，顔面をゆがめて訴えるように泣く（Tくん，図2-28）。

口角の両端を下げる表情は，ヒト社会では不快を表すことが多いが，その場合，泣くことによって無意識に「への字口になる」場面と，意識的に「への字口にする」場合がある。

この2つのエピソードの場合，明確には判別しにくいが，前者においては，乳児にとって泣きの表情を自己操作することは困難性が高いということから，その表情に乳児の意図性は少ないと言える。しかし，「口をへの字につき出して泣く」後者のエピソードにおいては，生後10か月に「口をとがらせて怒る」表情が出現していることから，泣くことによる「への字口」がさらに，怒ることによって「つき出した」と解釈でき，この場合は「怒り泣き」であることが理解される。

図2-28 訴えるように泣く（11か月）

8）ムッとした表情をする，視線を合わせたあとでプイとそらす

生後12か月。自分のやっていることを母親にたしなめられ，止めさせられると，口をとがらせ，ムッとした表情で母親をにらみ，その後プイと視線をそらす（Tくん，図2-29）。

不満やいら立ち，嫌悪などの不快を表現する場合，口をとがらせたり，視線をそらすなどでその情緒を表現することは，以前の月齢にも見られた。ここではさらに，まず，相手の視線をしっかりとらえて自己主張を表現した後で，相手に対する嫌悪感を表現するために「プイとそらす」という視線の遮断を使っている。眉，目，口など顔面の各部位の形態を使うほか

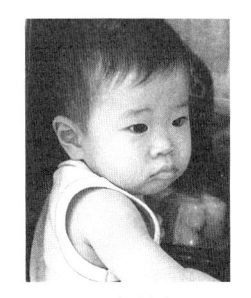

図2-29 視線をそらす（12か月）

に,「視線」という繊細な表現方法まで表情の道具として巧みに操作する乳児の姿がそこにある。

9) 唇をかんで不満そうに見つめる

生後14か月。自己活動を母親にとがめられると,動作を止めて不満そうに唇をかみながら,母親をじっと見続ける(Tくん)。

「唇をかむ」表現は,「口をへの字にする,口をとがらせる」と同様に,不快表現に特有な表情である。表情を形成する顔面部位の1つとしての「口の表現バリエーション」がさらに増えたことが理解できる。そしてそこに表現される不満やくやしさは,比較的強い不快であると推察される。

10) 大げさに泣く

生後15か月。自分の不注意で転んだとき,顔を母親の方に向け,訴えるように大げさに泣く(Tくん,図2-30)。

たんに「痛いから,驚いたから泣く」ということのほかに,自己の置かれた状況を,「母親に伝えたい,受け止めてほしい」という乳児の意図が含まれている泣きである。確実に母親の注目を引くために,実際の痛さには必ずしも比例しない,やや大げさな表情表現が示されると考えられる。

図2-30 大げさに泣く (15か月)

生後1か月から18か月まで,乳児の表情の移り変わりを見てきたが,その変化は早く,表情表現のバリエーションが多いことが認められた。乳児の「情緒の発達」と「ヒト社会特有の表情学習」とが,乳児のなかで連鎖しながら獲得されていき,成長していくことを感じるとともに,その過程が予測以上の速度でなされていることに気づく。

4. 表情の発達的変化と操作性

（1）表情形態の種類とその出現月齢

観察児2名における縦断的な追跡資料を，「笑う」，「泣く」の2つの表情に着目して分類した。その結果，生後18か月間に「笑う」表情には8種類の形態が，「泣く」表情には4種類の形態の出現が見いだせた。

観察期間である18か月間のうち，新たな表情形態は，いずれもおよそ生後12か月までに出現している[12]。このうち，「笑う」表情の新たな表情形態は，

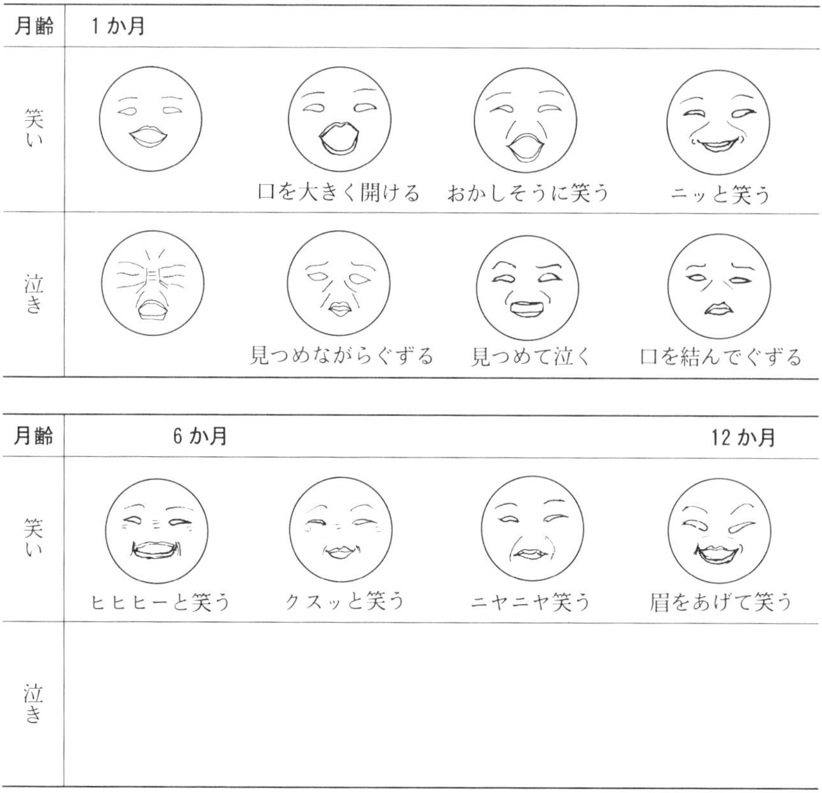

月齢	1か月			
笑い		口を大きく開ける	おかしそうに笑う	ニッと笑う
泣き	見つめながらぐずる	見つめて泣く	口を結んでぐずる	

月齢	6か月			12か月
笑い	ヒヒヒーと笑う	クスッと笑う	ニヤニヤ笑う	眉をあげて笑う
泣き				

図2-31　出現した笑い・泣きの表情形態

生後12か月間におおむね均等に出現しているが,「泣く」表情のそれは,生後6か月前に出現が集中しており,それ以降は新たな表情形態は観察されない。

また,一度出現した表情形態は,その後,表出頻度に増減はあるものの,消滅することは見られず,継続して出現している(図2-31)。

(2) 笑う表情について

1) 笑いの表情形態

笑う表情の主な構成部位は,目と口である。乳児では,おもに快情緒,快的状態の表出として理解される。

目元は,「目を細める」ことで表現され,生後1か月から8か月では,月齢が進むにつれて目を細める度合いが増した笑いの表情が次々に出現する。極端に目を細めた笑いの表情〈ヒッヒッヒと笑う〉が生後8か月に出現するころには,笑う表情の「目を細める」形態は,ほぼ出そろう。また,目に伴う眉の変化として,生後12か月に出現した笑いの表情〈ハッハッハと笑う〉において,「眉をあげて」相手を見ながら笑う表情が見られ,17か月にも「おどけるように笑う」で同様の表情が見られた。このことから,笑う表情における「眉あげ」は,生後間もなくからは表出されず,生後12か月以降から出現する傾向のあることが推測されるとともに,乳児の表情筋および社会性の発達と,表情の操作性との関連が興味深いところである。

一方,笑う表情での口元は,生後まもなくは口元に力を入れるような表情は見られないが,生後3か月の「大きく口を開けて笑う」で新たな表情が出現し,4か月〈ニッと笑う〉で「口角を横に引っ張る」表情が見られ,これは8か月～9か月〈ヒーヒー笑う〉で,もっとも極端な表情が出現した。「口を一文字に結び」ながらの笑いは,〈ニッと笑う〉と重複する表情でもある。

2) 笑いが表出する場面

笑う表情が表出されるきっかけは,生後まもなくの「あやされて笑う」から始まり,7～8か月に「自分から笑いかける」,その後も「反応を期待するように笑いかける」,「相手の顔をのぞきこんで笑いかける(10か月)」というよ

うに積極的な「かかわり」の手段としての笑いが増えていく。

また，11か月の〈ニヤニヤ笑う〉は，それまでの「うれしい，楽しいというような快情緒に基づく笑い」とは質を異にするものである。この笑いの出現

表2-1　笑う・ほほえむことの発達過程

月齢	
1	あやされると一瞬ほほえむ
2	声を出して笑う
3	視線が合うとニッコリ笑う，口を大きく開けて笑う
4	名前を呼ばれるとほほえみ返す，ヒーヒー笑う
5	離れたところにいるおとなを見ると，ニッと笑う
6	遊んでいる時に母親に視線を向けて笑う
7	くり返し笑う，おどけるような顔をして笑う，誉められて得意げに笑う，ケラケラ笑う
8	期待するように笑いかける，反応をうかがうようにいたずらそうに笑いかける
9	甘えるように声を出して父親にほほえみかける
10	シシシ…と笑う，顔をのぞきこんで笑う，クスッと笑う
11	いけないとわかっていることをやり，母親を見てニヤニヤと笑う
12	ハハハ！と笑う
13	
14	母親にいたずらをたしなめられるとニヤニヤと薄笑いをして，母親に抱きつこうとする，小首をかしげて笑いかける
15	
16	
17	
18	口に手を押し当ててクックと吹き出し笑いをする

　　　　生後1か月ころ　　　　　　　生後8か月ころ

図2-32　笑　う

状況から考えると,「自分の行動や, これから下されるであろう母親からの評価に対する気まずさや, 場面のごまかしのための愛想笑い」が含まれたものである。この"ぎこちない笑い"の出現は, 乳児が相手の表情を読み取る能力を発達させたことによる。この場合では, 母親の視線の意味するところを, 乳児が素早く理解することができるようになったことと, さらには自分の置かれた場面への適応性（表情表出の操作性）が育っていることを裏づける表情であると考えられる（表2-1, 図2-32）。

（3）泣く表情について

1）泣きの表情形態

泣く表情は, 目, 口, 眉の表情によって表現される。乳児ではおもに強い不快情緒の表出として理解される。

このうち眉は,「眉間を寄せる」ことで表されることが多く, この形態には, 発達的な変化は見いだしにくい。

口元は,「開けた口の口角を下げる（1か月）」,「口を結ぶ（4か月）」が, 発達初期にそれぞれ出現し, 表現の強弱はあるが, それらの形態が表出され続け, また, 眉と同じく形態に発達的な変化は見られない。

比較的変化が見られたのは目元である。生後1か月の泣く表情は, 目の周辺に力を入れ,「目を固く閉じる」泣きが多くみられるが, 2か月には, 母親を「見ながら」,「見つめながら」泣くことが出現する。それ以降は, 一瞬目を閉じることは見られるものの, 大泣きする場合でも, 母親に向かって「視線を合わせようとしながら, 訴えるように見て」泣くことが, 泣く表情の基本的な形態として表出され続けるようになっていく。これは, ぐずり泣く表情にも共通している。

このように, 泣く表情の形態は, その出現が生後6か月以前に集中しており, しかもその形態はほぼ単一的な傾向が見られる。したがって, 生後18か月間においては, 乳児の発達に伴う「表情の随意性」は少なく, この年齢の乳幼児にとって泣く表情は, 操作性を介入させにくい表情であると考えられる。

2）泣きが表出する場面

泣きが表出される場面は，生後まもなくでは，生理的欲求不満（空腹，睡眠導入など）が多い。しかし，月齢が進むとともに，生理的要因に加えて対人的

表2-2　泣く・ぐずることの発達過程

月齢	
1	目を固く閉じて顔を紅潮させて泣く（リズミカルに泣く）
2	母親を見ながら顔をしかめて泣く，顔をいやそうに左右に振り泣き出す，怒るように激しく泣く
3	怒りながらさかんに喃語を発しながら泣く
4	眉間を寄せ母親を見つめながらすすり泣く，弱々しい声で甘え泣く
5	「キャー」と呼び怒り泣く，抱っこして欲しそうに母親に向けて両手を広げ母親を見ながらすすり泣く
6	訴えるような声を発して母親を見つめながら泣く
7	見慣れない人に声を掛けられたり抱っこされたりすると，表情を硬くして，泣き出し相手から顔をそむける，痛いところに手を当てながら母親を見て泣く
8	身体をよじって挫折して怒り泣く
9	
10	床に顔を伏せて大泣きする
11	眉間を寄せ口をへの字にして母親を見ながらぐずる
12	叱責されて，故意に自分の頭を物にぶつけくやしそうにかんしゃく泣きする
13	
14	
15	訴えるように母親に向かって大げさに泣く
16	
17	
18	思い通りにならないとかんしゃくを起こしていら立つようにぐずり泣きし，手足をバタバタさせる

生後1か月ころ 　　　　生後4か月ころ

図2-33　泣　く

要求（抱っこして欲しい，あやして欲しいなど）による泣きが増えていく。「特定のおとな（父母）に向かって，弱々しく甘え泣く（4か月）」や，「見慣れないおとなに対して表情を硬くして泣き出す（7か月）」は，乳児が，相手と自身との精神的な距離を的確にとらえているために表出される情緒的反応である。

また，転んだ際に，その痛みを伝えるように母親に向かって「大げさに泣く（15か月）」表情には，わずかではあるが，操作的な意図性を感じとることができる（表2-2，図2-33）。

（4）視線を中心として——見つめるという顔

「見つめる」という顔は，本来，表情というくくりでは納まらないものである。しかし，「見る」という行為は，ヒト社会における"かかわり"のもっとも基本的習性のひとつである。乳児が，ヒトらしい表情の「表出方法」とともに他者の表情をより正確に「読み取る能力」を獲得していく過程として，「見る」をとらえる場合，そこにも大きな変化を見いだすことができる。

「見つめる」，「見る」は，目（おもに視線），眉，口で表現されるが，それらが反映している情緒は，快から不快に至るまで幅広く含まれる。特に，乳児の場合，興味や関心からの表出も含めて，その情緒は曖昧になりやすく，解釈や理解が複雑で難しい場合も多い。

視線の変化を見ると，生後1か月の「顔面を弛緩させてまわりを見つめる」では，生理的欲求が満たされている場面での表出であり，興奮のない快情緒といえるが，その視線は1点に定まらない場合も見られ，この場合の見つめる表情は，表出する対象をもたないと考えられる。しかし，同じく生後1か月でも，「母親を見つめる」場合には，視線は母親に集中する。この，集中させる視線の表出は，乳児が生後初期から顔に視線を集中させたり，母親の顔を判別する能力があるという，定説を裏づけるものとなる。またその後，生後3か月に「眉を寄せて1点をじっと見つめる」ことが出現し，以降，「1つの対象に焦点を絞ってじっと見る」傾向が強まっていく。ついで，5か月に興味のあるものを「眉をあげて目を見開いて追視する」ことが見られる。8か月で「にら

むようにじっと見る」ことが現れるが、そこには乳児の明確な嫌悪の情緒が存在する。

一方、口元は、生後まもなくは弛緩した口元であるが、眉を寄せながら見つめるようになって以降は、5～6か月に「口を結んで見る」、7か月で「口元に笑みを浮かべて見る」などが現れ、14か月には「下唇をかんで見つめる」という非友好的な意見合いを含んだものの表出が見られる。また、12か月の「ムッとする」は、口をとがらせながら強い視線で相手を見つめることの出現であり、「プイと視線をそらす」は、それに続いて表出された。これらは、にらむ、下唇をかむと同様に、不快の表出形態として、視線や口元を使っていると考えられる。特に、プイと視線をそらすという行動表現は、視線の動きを利用した操作性の高いものと言える。また他方では、眉をあげる、口元にやや笑みを浮かべる、のように快表現の表出形態としても眉、目、口を使う場合も見られる。

このように、乳児は、目、眉、口の動きを巧みに利用しながら、母親をはじめとする"他者"と視線を交わすことで、自己の情緒や意思・意図を「表出して伝える」機能を学習していき、同時に、他者の表情からその情緒や状況を把

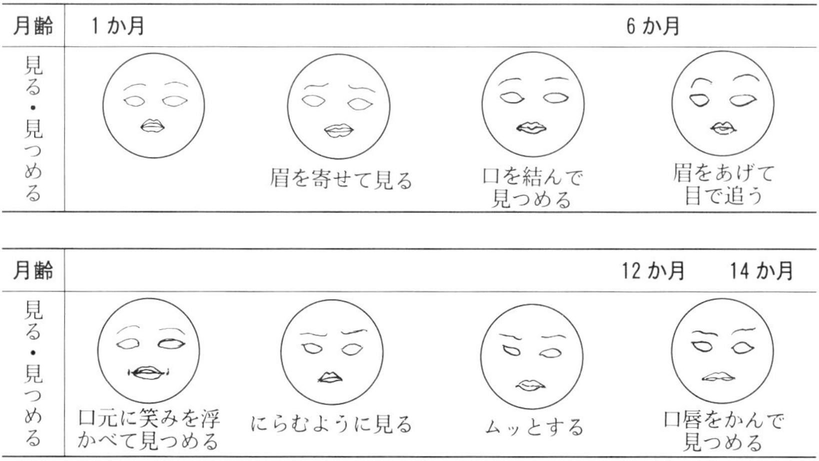

月齢	1か月			6か月
見る・見つめる		眉を寄せて見る	口を結んで見つめる	眉をあげて目で追う

月齢			12か月	14か月
見る・見つめる	口元に笑みを浮かべて見つめる	にらむように見る	ムッとする	口唇をかんで見つめる

図2-34 出現した「見る・見つめる」の表情形態

第2章 表情からみる乳児の発達的変化とその理解

表2-3 見る・見つめることの発達過程

月齢	
1	顔面を弛緩させて見つめる，母親を見つめる
2	家族の動きを目で追う
3	眉を寄せてじっと見つめる，見つめながら大声を出す
4	やや緊張した表情でじっと見る
5	興味のあるものを眉をあげて目を見開いて追視する
6	口を結んで注視する
7	口元に笑いを浮かべて見る，観察者を注視してから顔をそむける
8	にらむようにじっと見る
9	
10	たしなめられると上目づかいで見すえる
11	
12	ムッとする表情で見てからプイと視線をそらす
13	指しゃぶりをしながら不満そうに母親を見つめる
14	いけないとわかっていることをやる時，直前に母親を見て母親が気づくまでじっと見つめ続ける
15	
16	
17	観察者をはにかむような表情で注意深くじっと見つめる
18	

握する力をつけていく。そして，新しい表情形態が8形態現れる14か月間までに集中していることから，観察児においては，生後1歳すぎころまでに「ヒト社会に通じる高次な表情」を自在に操ることの基本を習得するものと考えられる（図2-34，表2-3）。

5．おわりに

表情や情緒を制御できるようになる過程についてC.E. イザード（1990）は，乳児には生得的な神経結合の関係から，発達の初期段階では表情と情緒の一致が見られるが，刺激—表情—情緒という流れの経験が繰り返し学習されること

と，大脳新皮質の成熟によって，生後1年を過ぎるころになると，表情の随意的操作による情緒経験の調節が見られるようになる[13]とし，また，表情と情緒の関係やそれらの制御がうまく作動するためには，認知的発達や人格的発達の過程が重要であることを強調している。つまり，表情を随意的に調節する能力は，乳児が言語の獲得や明確な目標に向けられた認知能力を獲得する1歳以後に現れ，情緒や社会的相互作用を調節する表情制御能力の発達は，気質，人格特性，認知的発達によるとしている[13]。ここでいう「刺激—表情—情緒の流れの繰り返し学習」とは，まさに保育行動における乳児自身のさまざまな生活経験の蓄積のことである。保育者（養育者）のかかわり方，つまり，乳児を取り巻く人的環境によってもたらされる表情の制御能力の発達は，乳児の身体的な発達と同等に重要であることを指摘している[14]。良好な人的環境が，乳児の健全な表情の発達を促し，ひいては，ヒト社会へのスムーズな適応につながっていく。

例えば生後初期において，母親（養育者）との「視線の交わしあい」や，笑いかけられることから始まる「ほほえみあい」を繰り返すことによって，"ヒトとの強い結びつき—きずな—"が形成され，乳児の中にヒト（他者）からの視線を好意的に受け止める傾向が促されていく。それが，ヒトと視線が合うと「素早くニッコリ笑い返す」表情につながり，さらに，生後8か月頃から表出される「情緒的きずなを結んだヒトに対しては，笑いかけられることなくして自分から笑いかける」という，社会適応に有効な表情を習得していくのだと考えると，生後1年間ほどの，乳児とヒト（特に特定の養育者）との密接なかかわりの重要性が理解できる[12)14]。

〔引用文献〕
1）遠藤利彦「社会性の生物学的基礎—心理進化論的アプローチ」聖心女子大学論叢，**84**（1995），10
2）E. アイベスフェルト：愛と憎しみ1，みすず書房（1974），14-21
3）E. アイベスフェルト「人間は白紙で生まれるのではない」月刊アニマ，**44**，平凡社（1976），41-51

4) 前掲1) 9
5) 鈴木直人「日本における表情研究を特集するにあたって」心理学評論, **43**, (2) (2000), 141
6) 前掲1) 11
7) 前掲1) 29
8) 前掲1) 9
9) E.アイベスフェルト：比較行動学2, みすず書房 (1979), pp. 546 - 548
10) 島田照三「新生児期乳児期における微笑反応とその発達的意義」精神神経学雑誌, **8**, (1969), 741 - 756
11) 高橋道子：微笑の発生と出生後の発達, 風間書房 (1995), pp. 243 - 253
12) 池田りなほか「乳幼児の対人関係と情緒表出1―快系・不快系表出から」, 第54回日本保育学会研究論文集 (2001), 674 - 675
13) 吉川左紀子ほか(編)：顔と心　顔の心理学入門, サイエンス社 (1993), pp. 142 - 143
14) 千羽喜代子・池田りな「乳幼児の情緒表出とその形態」, 大妻女子大学家政系研究紀要, **38**, (2002) 147 - 163

〔参考文献〕
・D.スターン：母子関係の出発―誕生からの180日, サイエンス社 (1979)
・友定啓子：幼児の笑いと発達, 勁草書房 (1993)
・戸谷仁望「幼児の笑い―感情表出を中心に」, 第4回家政学関連卒業論文発表会要旨集 (2002)
・濱　治世ほか：感情心理学への招待―感情・情緒へのアプローチ, サイエンス社 (2001)
・正高信男：0歳児がことばを獲得するとき―行動学からのアプローチ, 中央公論新社 (1993)
・松沢哲郎：NHK人間講座　進化の隣人チンパンジー, NHK出版 (2002)
・無藤　隆ほか(編)・麻生　武・内田伸子(責任編集)：人生への旅立ち―胎児・乳児・幼児前期　講座生涯発達心理学2, 金子書房 (1995)

第3章　3歳未満児のコミュニケーション
——おとなとのかかわりを中心に

1. コミュニケーションが育つ意義

　人間が他者と信頼できる関係を作る基礎は，乳児期から始まる。この能力は社会性の発達が表面化するよりもずっと以前から始まり，順序性をもっている。その積み重ねた経験があってこそ，豊かなコミュニケーションをもつことができる。人間が成長する上でもっとも基盤となる「情緒の安定」はこのコミュニケーションを介して育まれる。乳児および人間の育ちにかかわる分野で仕事をする者は，コミュニケーションの育ちを理解し，その都度，必要な援助をすることが重要である。第3章は，3歳未満児のコミュニケーションの育ちについて理解を深めることを目的している。なお，これまでの研究上，3歳未満児クラス（0・1・2歳児クラス）を対象としている点についてお断りしておく。

（1）コミュニケーションの意義

　人間はコミュニケーションによって，お互いを理解していく。コミュニケーションとは，二者間におけるお互いの気持ちや要求や考えなどを分かち合いたいという意欲から生じる過程である。この意欲は，自主性の要素である「自発性」に支えられる。安定したコミュニケーションには，自主性のもうひとつの要素である「自己統制（思いやり）」とのバランスのとれた発達も必要であるが，この点については後述する。

コミュニケーションには，言語的コミュニケーションとしての「ことば」以外にも非言語的コミュニケーションとしての「からだの動き」「しぐさ」「表情」「かもし出す雰囲気」などの，ことばでは表現しきれないものまで含まれる。しかし，これらのコミュニケーションに共通しているのは，〈相手に〉伝えたい〈自分の〉「気持ち」の存在である。コミュニケーションは相手がいなければ存在しない。「ことば」は「相手に伝えたい気持ち」の存在から，順調に発達していくし，「人間関係」の発達も同様である。人が育つ上でさまざまな影響を与える「環境」も，人によって構成され，修正される。自分を「表現」するさまざまな手段も，コミュニケーションのひとつということもできよう。また「健康」もからだからのこころのサインと考えれば，コミュニケーションのひとつである。このように，保育所保育指針や幼稚園教育要領において子どもの育ちに必要な項目は，すべてコミュニケーションに負っているところが大きい。

人が心豊かに成長していくためには，コミュニケーションの発達は不可欠である。現在，パソコンや，携帯電話などの器機が発達して，間接的なコミュニケーションの進歩と同時に，直接自分の気持ちを相手に伝えることができなかったり，一緒にいるのに相手の気持ちがわからないという人々が増えている。

本来コミュニケーションは，人と直接向かいあい，言葉だけではなくからだ全体から表現される気持ちを伝えあう，生きている人間同士のかかわりの原点である。

（2）保育者（おとな）の役割

次節以降に詳しく述べるが，このようなコミュニケーションの発達は，保育者（この章では，子どもの保育にかかわる保育者・保護者などのおとな全般）との相互作用がなければ成立しない。生後間もない段階からの「泣き」「微笑」をはじめ，乳児の動きや表情を見て応答的にかかわってくれる存在が必要だからである。すなわち，保育者は，ただ存在すればよいのではなく，高い感受性や子どもを観る目の確かさが求められる。小林登は「相互作用」と「感受性」があ

れば，子どもを育てることができるとしているが，日常の生活の中における現象を繊細に感じ取りつつ，的確に応答するという能力を磨かなければならない。その上で，子どもが保育者を信頼し，保育者とコミュニケーションしたいという意欲を育む体験にしていくことが必要である。それは，子どもと日々接しながら子どものコミュニケーションへの動機づけを認識し，コミュニケーションによって子どもが充足できる体験の蓄積をしていくことによる。

　3歳未満児のコミュニケーションの発達を考えた場合，保育者とのやりとりが充実できるものであることが課題である。

　各年齢に応じた保育者のかかわりや，子どもの育ちについて述べる。

2．コミュニケーションの基盤を作る0歳児
―― 人とかかわる快感や安定感，コミュニケーションパターンの形成

　出生直後，「産声」はすでにコミュニケーション機能をもっている。その後，1か月の間に著しいコミュニケーション能力が活動しはじめる。まずは，母子相互作用におけるコミュニケーションから始まり，不快な状態を快に変えてくれる「人」の存在を知る。そして，「人」とかかわる心地よさや安心感を得る。この体験を通して，乳児は能動的に「人＝保育者」に対してコミュニケーションを求めるようになる。そのコミュニケーションのパターンは，保育者との間で形成されたパターンである。このパターンが共感しやすいパターンとなることが，「育てやすい」状況に通じる。このように，乳児期においての課題は，① コミュニケーション意欲の芽生えを培うこと，② 共感しやすいコミュニケーションパターンの形成である。

（1）理解しにくいコミュニケーションパターンをもつ子ども

　コミュニケーションは，二者間での思い，要求，考えなどを伝えあい，分かりあう過程である。ことばを使ってのコミュニケーションは，ほぼお互いの理解の疎通は図れる。しかし，ことばでの表現ができない乳児の場合は，どのような要素がコミュニケーションにつながるのであろうか。

第3章　3歳未満児のコミュニケーション

乳児からの「要求」を契機としたコミュニケーションについて，理解しにくいコミュニケーションパターンをもつ子どもの事例を通して考えたい。

> ### 記録 1　けんちゃん　生後4か月・男児
>
> 　お腹がすいて目覚める。保育者に抱っこをされて指をしゃぶる。あやされて声を出さずに笑う。「ちょっと待っててね」と言われ，人指し指を口に入れる。哺乳びんに手を掛けて保育者をじっと見てミルクを飲む。15分ほどして保育者が「ごちそうさま」（ミルク200 mℓ）と言い，けんちゃんを仰向けに布団に寝かせ，「はい，のびのび〜」と体を伸ばす。のびのびしながら声を出して笑う。おむつを替えると，「ウ〜，アェ〜エ，ウ〜ウ〜」と喃語を話す。すぐ横で離乳食を食べている子どもを見ながら，指を3本しゃぶる。近くにあるキツネの人形を見て「ウ〜，ウ〜」，自分の両手をじっと見て，「ウ〜ン〜」と言う。他児を抱っこしている保育者を見て「アッ，エッエ〜」と言いながら指をしゃぶる。気づいたほかの保育者に抱っこをしてもらい，ぺったりくっついて指しゃぶりをする。少しして，下の布団に寝かされ顔の前で保育者がガラガラを振る。
>
> 　次に保育者がプレイボードを見せると，指を口に入れながら保育者とプレイボードを交互に見る。保育者が「けんちゃん，寝てばかりじゃ困ったね。それにずっとお口に指が入ったままだね」と言いながら，おもちゃの車を顔の前で動かして見せるが見ない。「けんちゃん（指が）おいしい？」と保育者は目の前でガラガラを振るがガラガラは見ずに，他の方向を見る。保育者がガラガラを置くと，床に置かれたガラガラを見て，「ア〜，アィ〜」と言う。保育者が仰臥位から腹臥位にしようとするが積極的ではなく，「やる気がないね」と保育者に言われる。やっと腹臥位になるが，「ウンプ〜」と言いながら，すぐに仰臥位に戻ろうとする。左手でガラガラを持ち，右手は口に指を3本入れている。保育者をじっと見ている。ガラガラで遊んでもらうと笑う。保育者が他児を見に行くと，目で追い再び指をしゃぶる。

> ### 記録 2　けんちゃん　生後8か月・男児
>
> 　座った保育者に抱かれたままプラスチックのコップを保育者がコマのように回すのを見ている。そこに他児が来て取ってしまう。保育者から今度は赤いコ

> コップを出され，取ろうとするが，後ずさりしてしまう。今度は緑色の木のコップをけんちゃんの前に保育者が置く。手を伸ばしても届かないので「ウ〜ウ〜」と顔を赤くしてうなる。取れないと「ウ〜ン」と催促するような声を出す。誰も取ってくれないと，顔をうずめ，床をたたいて欲しがる。保育者が気づき，目の前にコップを置くと手に取って嬉しそうにする。保育者に回してもらって喜ぶ。コップが少し離れて取れないと，「ウ〜」と催促するか保育者を見る。取ってもらえないと「エヤ〜」と高い声を出す。渡されると表情を和らげ保育者の顔を見ながら，トントンたたいてコップを口に持っていく。保育者がボールを転がす。けんちゃんから遠く離れると，そのボールをじっと追視するが，あきらめ，床に伏せてしまう。保育者が近くの床上にボールを置くが，伏せたままぐずりだす。

　生後57日目から保育所に入所したけんちゃんは，あまり保育者を求めない子どもであるととらえられていた。担当制をとっているこの保育所では，けんちゃんの担当であっても，けんちゃんの要求を的確に感じ取ることは難しかった。

　「記録1」において，けんちゃんは，「お腹がすいている」「抱っこをして欲しい」「相手をして欲しい」という異なる要求に対して，「指をしゃぶる」「喃語の発声」「追視」という手段を使って表現していた。けんちゃんの表現には，静的な表現が多く見られ，集団保育である保育所においては，保育者を引きつける表現としては弱い。また，無秩序にそれらの表現が使われているために，保育者がその表現から要求を的確に受け止めて対応していくことは困難と考えられる。また，「喃語の発声」は概して機嫌の良いときに多く見られるため，けんちゃんの快適な状況を維持するために，保育者があえてかかわらないようにしていたことも推察できた。しかしその結果，けんちゃんの要求に気づかない状況が生じることとなった。

　また「指をしゃぶる」という表現は，この時期最も多く見られていたが，指を自由に使えないマイナスのイメージをもたれることも多く，保育者は，どうしたら「指しゃぶり」がとれるかということに視点がいき，「なぜ，指しゃぶりをしているのか」というけんちゃんの要求の理解につながらなかったと考え

られる。これらの総合的な判断の結果，けんちゃんの要求は受け止められにくい状況となったと考えられる。

　それから4か月を経過した「記録2」においては，けんちゃんは，自分の要求を通すために，「喃語（なんご）の発声」「注視」もしくは「追視」，そして「さらなる喃語（なんご）の発声」というパターンを学習していると考えられる。このように，保育者に要求を伝えようというけんちゃんからのコミュニケーション意欲も見られるが，保育者に要求を伝えようとしない場面や，保育者が気づかないとあきらめてしまう場面も依然として見られている。また，けんちゃんの要求の理解の困難さは，以前に入所していたけんちゃんの兄と比較され，「けんちゃんのお兄ちゃんもそうだったのよね」ということで納得されてしまった。

　このけんちゃんの事例からコミュニケーションを考えるとき，すでに，乳児の段階で，保育者とのかかわりを通して，コミュニケーション手段を学習していることが明確となった。また，保育者に共感されにくいコミュニケーション手段をもつ子ども——すなわち，この事例のように「空腹」などの1つの要求を伝える場合のコミュニケーション手段が「喃語（なんご）」「指しゃぶり」「追視」「注視」など，保育者が気づくようにさまざまな手段で表現する子ども——は，保育者側が子どもの要求を理解できず，保育者との間での関係性が希薄になったり，コミュニケーション意欲が減退していく可能性も示唆された。一方，共感しやすいコミュニケーション手段をもつ子どもは，よりコミュニケーション能力が順調に発達することも推察される。これらのスタートは言うまでもなく，出生直後から始まる。

　いわゆる，difficult childに分類される子ども（A.トマスらによる3つの型の気質分類の1つ）が抱えている「理解しにくさ」もある。しかし，コミュニケーション能力が学習できるものである以上，コミュニケーション能力の豊かな子どもに育つかどうかは，保育者が担っている部分は大きいと考えられる。

（2）「抱っこ」にみるコミュニケーション意欲の喪失

記録3　みるくちゃん　1歳4か月・女児

　公立保育園0歳児クラスに、特徴的な子どもが2人いた。「抱っこ」が大好きで保育者にぴったりくっついてくる1歳1か月児の「あゆみちゃん」と、「抱っこ」をすると保育者のからだからできるだけ離れようとする1歳4か月児の「みるくちゃん」である。
　このクラスは担当制をとっていないが、「あゆみちゃん」は特定の保育者を自分の保育者と決め、その保育者の後追いをし、積極的に特定の保育者を求めて接近していく。その保育者が他の子どもにかかわっていると、怒って泣くこともしばしばである。その甘え泣きの表情は愛されている実感の表現でもあり、また、後追いは保育者との信頼関係の結びつきの強さを感じさせ安心できる。
　しかし、「みるくちゃん」は異なる。「抱っこ」を嫌がるだけではなく、自分のからだに触れられることを拒否して離れようとする。落とそうとするとそのまましがみつきもせずに、落ちようとする。動物の本能としてのしがみつき行動もない。「みるくちゃん」の状態から一番考えられることは、これまでの育ちの中で、親からの「愛情不足」を基盤とする「抱っこ」の体験不足である。しかし、「みるくちゃん」の親は「みるくがかわいくて仕方がない」と言う。登降園時のようすも、かわいがっているようすが伝わってくる。母親は毎朝、最近はやりの前抱っこで、前向きに「みるくちゃん」を連れてくる。母親は「みるくが賢い子どもに育つように視覚からもたくさん刺激をしてあげようと思って」と言う。
　この「抱っこ」と同時に明確になったのは、ぴったりくっつく抱っこをする「あゆみちゃん」はおもちゃを他児に取られると、泣いて保育者に訴え、助けてもらおうとするが、「みるくちゃん」は取られると保育者を意識せずに、ただ上を向いて泣く。誰かに助けてもらおうという意欲はない。このような状態を踏まえて、クラスで話し合いを行い、「みるくちゃん」には、クラスの保育者全員が心を配るように心がけた。その結果、2週間を経た段階で、からだを触れ合う「抱っこ」ができるようになり、トラブルが起きたときには、保育者に助けを求める視線を向けるようになった。また、保育者を驚かせたのは、「みるくちゃん」の表情が赤ちゃんらしく、とてもかわいらしくなったことである。

「あゆみちゃん」は人を信頼し，保育者とコミュニケーションすることに意欲的になっているが，「みるくちゃん」は保育者を信じることができず，保育者にコミュニケーションを求めることをしない。0歳児の段階で，すでにコミュニケーション意欲が喪失している。

これまで，母親なりの愛情をもって「みるくちゃん」に接してきたことは否めない。しかし，前抱っこの例に代表されるように，「母親が良いと思ったことをみるくちゃんに提供する」という一方的な愛情の示し方だったのではないかと推察する。前抱っこで前向きに「抱っこ」されている「みるくちゃん」は，母親と同一方向を向いている。すべての刺激にさらされていると言っても過言ではない。まるで母親を守っているようである。母親なりの愛情による「前向き前抱っこ」であるが，この選択は，母親の一方的な「愛情」であり，「みるくちゃん」の思いを含めたみるくちゃんへの「愛情」ではない。そのため，真のコミュニケーションとはなっていない。また，当然，この「前向き前抱っこ」では母親にぴったりくっつく安心感はもてない。そういう意味においては，「触れ合いによる信頼」の体験不足にもなっている。

この事例から，乳児期早期からの一方的な，共感性を伴わないかかわり方が乳児自身のコミュニケーション意欲を喪失させてしまう事実と，問題が早期に発見できた場合には，短期間で解決できることを示しているといえよう。

(3) 乳児からのサインの読み取りと感性

コミュニケーションとは二者間におけるサインの読み取りの過程とも考えられる。これまで述べてきたように，コミュニケーションを保育者がきちんと受け止めて対応することが，子ども自身のコミュニケーション能力を発達させる。では，子どもの側から表現されたサインが読み取りにくいものであったとしても，子どもの育ちを願う保育者は，体験を重ねることで，あるいは感性を磨くことで，子どもからのサインを受け止めることができるのであろうか。

記録4　けんちゃん　生後6か月・男児

① 授乳後，仰臥位に布団に寝かせられる。手を組みあわせたり，足をドンドンしたりして笑う。両手をあげて腹臥位になる。保育者が他児を抱っこしてけんちゃんの隣に寝かせてあやす。けんちゃんは他児をずっと見ている。保育者が「けんちゃん，ぱっ」と舌を鳴らしてあやすが保育者を見ない。保育者が座って自分の足の上にけんちゃんを乗せてギッタンバッコンをする。けんちゃんは保育者をちらっとみるが，保育者がけんちゃんの顔を見ても，目を合わせようとしない。保育者が「ひこうき～」と言いながら，けんちゃんを乗せて動かすが，けんちゃんは無表情のまま何も反応しない。そばの筒状の玩具（粉ミルクの空缶に布をまいてボタンや鈴を紐で結んである手作り玩具）をただ，じっと見ている。その缶についている鈴を保育者が鳴らしてけんちゃんに持たせると，鈴をつかんでひっぱる。右手は鈴の紐を持ち，左手は口の中にある。右手の鈴を口に入れようとしたが入らない。たいして興味もなさそうにすぐに手を放す。保育者は他児の吐いたミルクの始末のために，けんちゃんを床に下ろして離れる。けんちゃんはそのまま玩具を見ているが，時々「う～」とつまらなそうに声を出す。

② そこに別の保育者が来る。けんちゃんに両手を出して顔をつけ，「のびのび～」とあやす。けんちゃんはにこにこする。手を伸ばして保育者のメガネに触ろうとする。保育者は上手に避けながら，「のびのび～」としてから，体の向きを変えるように大きく動かす。するとけんちゃんが「フェ～ン」と泣く。保育者は「これ，嫌だったの？」とすぐにやめて，もとの「のびのび～」とした動きに戻る。そのまま「いないいないばぁ」をするとけんちゃんは楽しそうに少し声を出して笑う。笑いながら保育者の目を見る。保育者がけんちゃんの足をもって楽しそうに「タンタタン」と動かすと嬉しそうににこにこしている。保育者が「けんちゃん，チイ出たかな」とおむつを触る。濡れていたのでけんちゃんをおむつ交換台に寝かせる。けんちゃんは両足が解放されて嬉しくてバタバタ動かしながらにこにこする。右や左を見て，手を出して触ろうとする。保育者が「はい，おしりきれいきれいになりましたよ。ご機嫌ですね」といって床に降ろすと怒って泣く。保育者が抱き起こして揺らすとまたにこにこしはじめる。

①と②では，子どもの反応が明確に異なる。かかわる保育者は別の人間である。このように，連続した場面においてまるで別の子どものような反応をする乳児の事例は珍しい。①の保育者の場合は，目も合わせず，笑うこともなく，喃語（なんご）や身体表現もほとんどない。また，「嫌」や「良い」という保育者に向かった訴えもなく，保育者に自分からかかわろうという意欲も見られない。しかし，②の保育者の場合は，目をあわせ，声を出して笑い，泣く。「楽しいこと」や「嫌」なことはきちんと保育者に訴え，保育者にみずからかかわろうと手を伸ばす。なぜ，このように同じ子どもの反応が異なるのであろうか。

　大きな要因はもちろん，子どもと保育者との関係性の違いである。今回は，この関係性をつくる要素であるコミュニケーションに必要な「子どものサインの読み取り」という点から，考えたい。ひとつは，保育者の経験の違いである。①の保育者は年長幼児を担当することの多い保育者であった。②は，産休明け児を中心とする乳児のベテラン保育者であった。経験としての保育対象の違いは，子どもからのサインの読み取る能力の違いに大きく影響する。

　次に，子どもに対するかかわり方の姿勢の違いである。①の保育者は，子どもからの良い反応を引き出そうと自分の経験の中から，一生懸命考えてかかわり，自分のかかわりから出された少ない子どもの反応を手だてとして読み取ろうとしている。しかし，反応のないことに対してきちんと向き合って対応していない。②の保育者は，直接的な自分とのかかわりの中で表現された子どもの反応をきちんと受け止め，次のかかわりの手だてを見いだそうとしている。すなわち，自分のかかわりが引き起こした子どもからのサインを誠実に受け止めて次の行動につなげている。

　もちろん，子どもが保育者に向かってサインをきちんと出せる関係が前提とされるが，その点の追求も，保育の質を高めることにつながる。すなわち，感性を磨くべく体験を蓄積することで，子どもからのサインを読み取れるようになる。

> *記録5*　しゅんちゃん　生後6か月・男児
>
> 　母親は20歳で第一子のしゅんちゃんを出産。「かわいいとは思えない」と保育者に訴えていた。母親が仕事に復帰する前に，入所してから2週間，母子同時通園をすることにした。初日は半日としたが，しゅんちゃんにかかわるわけでもなく，所在無げで帰ることが待ち遠しいようであった。そのようすを見ていた保育者が，しゅんちゃんを抱きながら母親に「こうやって抱くのがしゅんちゃん好きみたいよ」とアドバイスをしながら，母親に手渡すと頼りなげではあったが，しゅんちゃんを抱っこした。保育者は「もうちょっと縦にした方がいいかもしれないよ」と，さらに母親のようすをみながらアドバイスをしていた。
> 　その後も，離乳食の食べさせ方やあそび方など，他児も交えながら具体的にアドバイスをしていった。2週間経つ頃には，母親の抱き方がしゅんちゃんの安定できる抱き方に変わってきたこともあり，母親に抱かれたしゅんちゃんがよく笑うようになった。母親は自分に抱かれて笑うしゅんちゃんがかわいくなり，保育園で1日過ごすことが楽しみになり，また，「仕事に復帰するのが残念に思える」と言うまでになった。

　しゅんちゃんの母親は，しゅんちゃんからのサインを受け止める心のゆとりがなかったと言える。出生後からのしゅんちゃんのサインは母親には読み取ることのできないものであり，その事実はしゅんちゃんとのコミュニケーションの障害にもなっていった。しかし，保育園における具体的な保育者からのアドバイスは，しゅんちゃんのサインの読み取りかたの学習にもなり，しゅんちゃんの求めるコミュニケーションを受け止める形が整っていった。心のない形だけのかかわりは子どもに伝わらないという面もあるが，形から心がつながっていった事例とも言える。しゅんちゃんから求められ，自分が受け入れられているサインを受け取った母親は，しゅんちゃんからのサインを読み取るコツを覚え，しゅんちゃんとコミュニケーションをする楽しさを実感できた。この背後には，母親を受け入れ，認めていた保育者たちの支えがあったことも大きい。

　最近，「ベビーサイン」[注1]が，マスコミで取りあげられ，育児の世界でもブ

ームになった。乳児のコミュニケーション手段に意味を見いだそうということには意義がある。しかし、これらの2つの事例から学ぶべきことは、乳児のサインを読み取るためには、安易に手段との関連だけをとらえようとするのではなく、その基盤にあるお互いの「気持ち」を大切にしながら、保育者自身と乳児とのかかわりの中での自分たち二者間の反応から、自分が引き起こした子どもの反応を誠実に受け止める経験の蓄積が必要だということを示していると言えよう。

3．コミュニケーションの育ちを支える1歳児
——自発性と自己達成感の支え

　コミュニケーションの発達にとって大切な自発性の育ちは、1歳児に顕著になる。フレーベルは1歳児を「まさに自発的な存在」としてとらえているし、モンテッソーリは1歳半を「自発的活動の開始」ととらえている。コミュニケーションの育ちを支えるということは、このような「自発性」の育ちを支えることを基盤とする。その上で、0歳児での課題であった「コミュニケーション意欲の芽生え」と「共感性のもてるコミュニケーション手段」の獲得を踏まえ、1歳児においては、自我の発達に支えられた① コミュニケーション意欲を高めることと、② 他者とのコミュニケーション体験の蓄積である。

（1）自発性の発達とコミュニケーション

記録6　まさこちゃん　1歳4か月・女児

　まさこちゃんは保育者とのやりとりが大好きである。今日は保育者がまさこちゃんの座っているテーブルの上に絵本を立てるとまさこちゃんが手で倒すというゲームをしている。まさこちゃんが絵本を倒すと保育者が悲しそうな表情をするのが楽しくて仕方がない。倒すたびに保育者がオーバーな表情で悲しそうにするのでずっとやめられない。だんだん倒すのも嫌になってきたが、どうやめたらよいのかがわからない。まさこちゃんの表情がだんだん硬くなり、と

> うとう泣きだしてしまった。保育者があわてて「ごめんね。もう嫌だったんだね。」と言うが，泣き続ける。保育者はそのまままさこちゃんを抱き抱える。まさこちゃんはだんだん泣きやむ。

　この保育者とのやりとりあそびは，必ず1歳代の子どものあそびに出現する。物を渡してそれを返してもらうことを繰り返すパターンも多く，「やりもらいあそび」とも言われる。自発性の発達とともに，自分から発して期待した対応が保育者から返ってくることが楽しいのである。このやりとりの楽しさが次へのコミュニケーション意欲へとつながる。しかし，事例においては，このやりとりをやめたくなったとき，どのような方法でやめたらよいのかが，まさこちゃんにはわからない。困って泣きだしてしまう。この「泣く」という行為もコミュニケーションのひとつである。

　このように，保育者が「泣き」のコミュニケーションをも受け止めることで，マイナスの感情を相手に訴えることの意義がもてる体験となっている。そして，その「気持ち」をそっくり体を通して保育者に抱えられることで，保育者との信頼関係も成立していく。このような体験を繰り返しながら，他者とのコミュニケーションを獲得していく。

（2）自己充実感とコミュニケーション

> *記録7*　けんちゃん　2歳1か月・男児
>
> 　園庭に水あそび用のたらいを出し，ホースから水を出して1歳児クラスの子ども達があそんでいる。けんちゃんは，ボールを拾って，水を張ったたらいの中に浮かせてボールを洗っている。立ちあがり，ボールをしまってあるカゴを見つける。カゴの中に入り込み，ボールを1つ出す。そして，次のボールを出す。続けて次々とボールをカゴからなくなるまで1つ1つカゴの外に出す。保育者がそばにきて，けんちゃんに戻してよいかを聞き，1つ1つ戻す。けんちゃんはそれには関心がないようで，カゴから外に出て，たらいの水にボール

を浮かせ，さっきと同様に真剣にボールを洗うように回す。
　それを見ていたすばるくんが同じようにボールをもってきてたらいに浮かべ，けんちゃんを見ながら同じことを始める。2人は真剣にボールを手で回しているが，お互いを意識したやりとりはない。その横でまーくちゃんが，けんちゃんがボールを出したカゴの中に入ろうとしている。

　子どもが充実して遊んでいる姿には，生き生きとしたようすが感じられ，見ている人間をひき込んでいく。すばるくんもまーくちゃんもそうである。このように自己充実をしている子どもには，ほかの子どもがひき寄せられ，コミュニケーション意欲の契機となる。0歳児のときの，保育者というおとなを対象とする世界ばかりではなく，こうして1歳児は他児とのコミュニケーションの契機も芽生えていく。自発性の発達が著しい1歳児だからこそ，自己課題を発見し充実することが，他児への広がりとなることを保育者は理解しておくことが必要である。

（3）保育者とのやりとりを自分の中に取り込む

記録8　けんちゃん　2歳6か月・男児

　けんちゃんは，いつも他児の持っている玩具などが欲しくなると，取りあげて相手を泣かせることが多く，保育者に叱られていた。この日は，けんちゃんが積み木で遊んでいた近くで，はるちゃんとひでちゃんが絵本の取りあいを始める。しばらくようすを見ていたけんちゃんが，絵本を取ったはるちゃんの頭を持っていた積み木でガツンとぶつ。驚きと痛さではるちゃんが大声で泣き出すと，保育者がそばにきて「けんちゃん，だめでしょう。お友だちはたたかないの」と言う。けんちゃんは保育者をじっと見ながら黙って聞いていたが，隅の押し入れに行って，保育者を遠くから見る。

　この事例は，けんちゃんがいつも他児との玩具の取りあいで強引に欲しい玩具を取りあげたり，叩いて泣かせてしまうことが多いことが前提となっている。保育者はいつもけんちゃんを叱ることが多かったため，泣いているはるち

ゃんのようすから推察し，事実の前後を確認することなく，「けんちゃんがたたいた」という点に焦点を当てて，対応している。事例からもわかるように，今回は，けんちゃんはいつも自分が他児の物を取って泣かせているのを保育者が叱るという「やりとり」を模倣している。このやりとりは，いつも「保育者がけんちゃんを叱る」ように，「けんちゃんがはるちゃんを叱る」事例でよいはずである。けんちゃんは，自分の体験したコミュニケーションを，自分の中に取り込み，はるちゃんと自分の立場を入れ換えて考えている。ただし，そうして取り込んだ体験であるはずなのに，さらに叱られたけんちゃんの思いを考えれば，けんちゃんから発せられる無言のサインを保育者がきちんと受け止め，整理する必要性のあった事例でもある。

　このように，子どもは保育者とのやりとりを自分の世界に取り込んでいく。そして，コミュニケーションのやりとりのひとつとして学習し，蓄積していく。

　1歳児は自発的なコミュニケーションとしての体験が豊かになっていく時期である。0歳児期に成立した保育者との信頼関係を基盤として，保育者との関係だけではなく，他児とのかかわりにおいても積極的なコミュニケーションを求めていく。このコミュニケーションへの意欲を高めるように，保育者は子どものサインを誠実に受け止めねばならない。また，自我の発達と同時に自己充実していく姿は，まわりの他児を引きつけ，他児とのコミュニケーションの芽生えの契機となる。お互いに相手に引きつけられながら，平行あそびになったり，後ろから抱きついたり，紙の棒でヒーローごっこのように相手をたたいたりする。このような一方的なコミュニケーションの体験は，他児に嫌がられ，自分も嫌な体験となることも多い。しかし，これらのお互いに発する一方的な体験も含めて，保育者に受け入れられ，相手の気持ちを代弁され，他児とのかかわり方を具体的に示されながら，コミュニケーションの方法を学び，自分の世界に取り込み，豊かなコミュニケーションを蓄積することになる。

4．コミュニケーションの基盤の仕上げとしての2～3歳児
――自立と自己統制能力の狭間で情緒の安定性の修復

　コミュニケーション意欲に支えられながら，さまざまなやりとりを体験し，他者とのコミュニケーションを学習して自己内に取り込む体験の蓄積をする一方，コミュニケーション能力の基盤の仕上げとして，発達に伴う課題がいくつかある。2～3歳児の課題は，次の3つである。
① ごっこあそびを通してコミュニケーション体験を広げる。
② 自主性の発達（自発性と自己統制能力のバランスがとれていること）とコミュニケーション能力の発達。
③ 第一反抗期に対応する保育者との信頼関係の再確認（反抗と強くなる甘えや承認要求）。

（1）ごっこあそびにみられるコミュニケーション

　記録9　きみちゃん　3歳3か月・女児

　保育者が大型積み木で作ったお風呂の中に男児3人女児2人が入って，それぞれ絵本を見ている。
　きみちゃんは，隣のあけみちゃんに「ちょうだい」と手を出す。あけみ「おかね，はい」ときみちゃんに積み木を渡す。きみちゃんも「はい」とあけみちゃんに積み木を渡す。
　あけみちゃんはそれを受け取り，直方体の積み木と一緒に，きみちゃんに渡す。きみちゃんは箱から積み木を取ってあけみちゃんに渡す。きみちゃんは「どれがいいですか」と絵本を渡す。あけみちゃんは袋に積み木と絵本を入れる。
　きみちゃんは「これは，はい。」「これは，おくすり，かゆいところにつけるんです。300えんのおかえしでした」という。そして「なにがいいんですか」「わたし，おねえさんじゃないんですけど，おかあさんではないんですけどー，はい」とあけみちゃんに積み木を渡す。
　あけみ「もう，いいです」，きみこ「300えんのおかえしです」。再び，きみ

> ちゃんは「いらっしゃいませ」と言う。あけみちゃんが「これ，いろのですね」と言うと，きみちゃんは「してください」。あけみちゃんが「はい，10えん」と言うので，きみちゃんは「10えんですね。おさいふのなかに10えんあったです」「おみみにきくもので，おうちできいてください」「これはー，なくなったのでー」と言いながら本を取って，「は～い。ありがとうございました」とあけみちゃんに絵本を渡す。
> あけみちゃんは部屋の隅に行く。きみちゃんは「いらっしゃいませ，いらっしゃいませ」「ちょっと，おかあさん，あかちゃんがうまれるのでー」と言うが，あけみちゃんは隅で絵本を見ている。きみこ「これがおっこっている」といってあけみちゃんのところに行き，積み木を渡す。

 この記録例は，「おみせやさんごっこ」ではあるが，お互いのイメージは必ずしも共有していない。「ちょうだい」と言うきみちゃんの言葉を契機としておみせやさんごっこが始まったもので，お互いが了解のもとに一緒に始めたあそびではないからである。しかし，この場面からは，あけみちゃんとあそびたいというきみちゃんの「気持ち」は十分感じられる。そのため，あけみちゃんからのコミュニケーション意欲を感じなくなると，きみちゃんは積極的に近づいて，コミュニケーションしようとする。

 このようにコミュニケーション意欲に伴った「やりとり」としての体験は，子どものあそびの場面でよく見られる。また，このごっこあそびは，きみちゃんとあけみちゃんの生活場面における「やりとり」の再現の場ともなり，お互いの生活場面におけるコミュニケーションの学習の場となっている。

（2）第一反抗期におけるコミュニケーション

> *記録 10* けんちゃん（3歳4か月・男児）
>
> テラスに座り込んではるちゃんが恐竜の絵本を見ている。三輪車に乗ったけんちゃんも恐竜の絵本が見たいが，はるちゃんは見せてくれない。けんちゃんは三輪車に乗ったまま，嫌な思いを足で表現し，絵本の端をペラペラ足で触れていた。すると，はるちゃんが怒ってけんちゃんをたたき，顔を蹴った。はる

ちゃんの足蹴りがけんちゃんの顔に当たり、「いた〜い」と言ってびっくりして泣き出したけんちゃんを見て、はるちゃんも驚き、必死で「ごめんね、ごめんね」と謝りながらけんちゃんの頭をなでる。

けんちゃんは顔を三輪車の上に伏せたまま、くやしくて「ばか！」と言ってはるちゃんを押す。はるちゃんはそれでも必死にけんちゃんに許してもらおうとして、足元に先程と同じように座って絵本をけんちゃんの方に向けて、恐竜の話をする。けんちゃんは顔を少し起こして絵本を見るが、はるちゃんの足の上に自分の足をのせて押さえ、許せない思いを伝えていた。しばらくはるちゃんはけんちゃんの足を我慢していたが、とうとう怒って「やめろよ」と言って、けんちゃんの足元から絵本を引っ張り、持って行ってしまう。けんちゃんは三輪車に顔を伏せたまま残される。

保育者がはるちゃんに「けんちゃんに、『泣き止んだら一緒に見よう』って言ってごらん」と言う。はるちゃんはけんちゃんのところに戻り「泣き止んだら一緒に見よう」と言うが、けんちゃんは顔を伏せたまま「やだ！」と強い調子で言う。はるちゃんはすぐに離れる。三輪車に顔を伏せたままのけんちゃんの近くを三輪車であいこちゃんがフラフラ通ると「何、するんだ、ばか！」と怒る。けんちゃんはすぐにまた顔を伏せ、じっとそのままでいる。保育者がけんちゃんに近づいて「けんちゃん、おおかみ、見に行こうよ〜」と誘うが、反応なし。「どうしたの？はるちゃん『ごめんね』してたよね？」と言うが、けんちゃんは保育者に訴えるように小声で「怒っているの」と言う。「そう、怒っているの。駄目かなぁ」と、保育者はけんちゃんと数回同じやりとりを繰り返すが、けんちゃんが何も言わないので、保育者はそのまま立ち去り、少し離れたところに移る。

けんちゃんはその後しばらく三輪車に顔を伏せたままでいる。それからふと、顔をあげて、三輪車をこぎだす。そして、ブロックを三輪車の荷台に乗せてはやとくんのところに行き、何事もなかったようにあそび出す。

この記録例では、はるちゃんに対する怒りの気持ちをどう自分の中で整理するかということが焦点となっている。「自分」と「相手」の思いをやりとりする―コミュニケーションする―ということは、「気持ちの整理ができる」こととは別の次元である。自発性から表現される「嫌」「怒り」「攻撃性」「否定感情」などは、ただコミュニケーションとして相手に伝えればよいものではない。この2〜3歳時期に顕著となる第一反抗期は、これらの思いが体を使って表現され「かんしゃく」となる。このエネルギーを自分の中で整理する能力―

自律（自己統制能力）が育つことが，バランスのよい自主性の育ちであり，また社会性の発達へとつながる。

相手がわかりやすい手段を使ってコミュニケーションする能力の発達とは別に，すべてを相手に直接伝えるのではなく，自分の思いを整理して，相手に伝わりやすい形にしてコミュニケーションする，あるいはしないという選択をすることも，コミュニケーション能力の発達である。後者の能力の発達には，この事例のように自分の「怒り」「許せない思い」を表現する段階を経ることが必要となる。

第一反抗期はそういった意味において，自由に思いを伝えられる人間関係を保育者との間で成立させておくことが大切である。子ども自身が自分の否定的・攻撃的な思いを表現し，その上でありのままの自分を保育者に受け止められながら，自分の思いを整理する体験を保障する中でバランスのとれたコミュニケーションパターンが学習できる。

（3）保育者との承認要求と甘えにみられるコミュニケーション──修復

記録11　きみちゃん　3歳5か月・女児

　園庭から保育室に戻り，保育者から「トイレに行ってきてください」と言われるが，「やだ，行かない」と言う。何度か言われるがきみちゃんは黙ってしまう。「大きな太鼓」の手あそびが始まると，黙ったまま1人で立ってトイレに行く。戻ってからは集中して「いっぽんばし」の手あそびをする。1人ずつ名前を呼ばれて返事をする。

　きみちゃんは最初は気にしていたが，だんだんぼんやりしはじめ，2度呼ばれてから気づいて返事をする。保育者が「シャツがでている人は（お腹に）しまってください」と言うと，きみちゃんはすぐに自分のお腹を見て「シャツ，出てな〜い」と大きな声で言う。保育者が応じないので，もう一度言う。保育者が「出てない人はいいですよ」と応じると黙る。

　保育者が座る順番の名前を呼びはじめると，「ねえ，ここ痛い」と足を指す。まわりの子どもが気づいて，「血が出てるよ」とのぞき込む。保育者はそれに気づき，「それは前の傷だから大丈夫」ときみちゃんに小声で言うと落ち着く。

記録 12　けんちゃん　3歳4か月・男児

　園庭で滑り台に登り、「見て〜，せんせい！」，保育者が「は〜い」と見にいく。見てもらって嬉しそうである。次に，ジャングルジムに2段登り「見て〜，せんせい！」と言う。保育者が「は〜い」と言って見てくれるのが嬉しくてたまらないよう。ジャングルジムに登って「せんせい，見て！」と保育者に言うと，保育者が「けんちゃん，1番上まで登ってごらん」と言う。「ない」とけんちゃんが言うと，保育者がジャングルジムの1番上まで登る。けんちゃんも登ろうとするが，それ以上高くは登ろうとせず，いったん降りて，また登る。3段目，そして4段目まで登って，「見て！見て！」「こっち！」と嬉しそうに言う。保育者が見て，「すごい〜！」と言うと，けんちゃんは「ヤッホー！」保育者も「ヤッホー！」とお互いにとても楽しそうである。

記録 13　けんちゃん　3歳8か月・男児

　「キュウリを食べるとセーラームーンになれるよ」と保育者が隣のちひろちゃんに言っているのを聞いて，「けんちゃんも」と言って，保育者に食べさせてもらう。保育者が「あ〜，お顔がツルツルになってきた〜」と「ツルツル」と顔をなでると，嬉しそうに笑う。
　午睡時，トントンしている保育者に「けんちゃん，トントン……」と言う。保育者が「けんちゃんもトントンしたいの？」「トントンしてほしいの？」と聞くと「うん」「じゃあ，『トントンして』って言って」「トントンして！」保育者にトントンしてもらいながら嬉しそうに近くのちひろちゃんにトントンする。

　これらの3つの事例で考えたいことは，まず，この2〜3歳代は，第一反抗期という課題を抱えている時期であるということである。すなわち，子どもは一方では自立に向かって反抗し，一方では依存欲求があるために甘えや受容されることを求める段階にあるということである。そのため，この段階で明確になることは，保育者との信頼関係に子ども自身が不安を感じていた場合に，その関係を修復しようとする行動が見られることである。

記録11においては，反抗後の保育者との関係に不安を感じ，自分が受容されている確認を求めている。また記録12・13では，これまで保育者との関係で信頼関係を築くことが困難であった子どもの記録例であるが，子どもから保育者に対するコミュニケーションとして，承認欲求や甘えを実現し，この段階で確固とした信頼関係を成立しようとしている記録例である。

これまで，子どもの観察を行ってきた経験から，第一反抗期を契機とする2歳児の段階で，保育者との信頼関係を修復もしくは成立しようとする子どもの傾向を認めている。この段階がひとつの契機となることを，保育者には配慮して子どもたちにかかわってもらいたい。

5．3歳未満児のコミュニケーションと成長

これまで，3歳未満児とは言っても，3歳児クラスまでの子どもたちについて記録例をあげながら述べてきた。ここでは，子どもの成長との関連と，子どものコミュニケーション能力の発達を支える保育者の現状と課題についても最後に整理をしたい。

（1）コミュニケーションと子どもの育ち

1）非言語的コミュニケーションから，言語的コミュニケーションへ

コミュニケーションは，さまざまな手段を使って二者間における要求や気持ちなどのやりとりをする過程である。言語の未発達な乳児であっても，視線や表情，情緒表現等で十分に伝えあうことは可能であるし，発達とともに，指さしやクレーン動作なども手段として付加される。特に，言語が未発達な段階では，さまざまな手段を駆使して相手に伝え，他方は理解しようとする関係が生じる。そこには，お互いに人に対する信頼感が基盤として存在しなければならない。3歳未満児では，特に子どもからのサインの読み取りが重要である。そして，3歳以上になってくると，「言語」を使ってのコミュニケーション能力が発達し，これまでの経験の上に言葉をのせて，さらに繊細で正確なコミュニ

ケーションのやりとりが可能となる。

　一方，これらの子どもからのサインを読み取る能力もコミュニケーション能力のひとつである。保育の中で言われる「感性」のひとつととらえることもできる。この能力は，生来身についている人もいるようだが，自分と子どもとの直接的な関係から誠実に情報を取り込み，次への関係に生かそうとする姿勢の中で身につけることができる。そして，常に反省し，失敗を生かす勇気や努力も必要である。この過程を，保育者は言語レベルで洞察し，文章化する訓練を蓄積すべきである。

2）自主性の発達

　「自主性」は「自発性（意欲）」と「自律（自己統制能力）」とのバランスのとれた発達によって，順調に発達する。コミュニケーション能力の発達は，自主性の発達を基盤として，影響を受ける。コミュニケートしたい，という「自発性（意欲）」がなければ，そもそもコミュニケーション能力は発達しない。それによって情緒的に「人」を拒否する状態は十分に起こりうる。コミュニケーションが，自分にとってプラスである体験を通して，「人」はコミュニケーションすることを求めていく。母子相互作用や人見知り，後追いといった母子関係の発達課題から，「人」への信頼感を培い，探索行動や第一反抗期を通して「人」にかかわる意欲を培う。この両面が育つことが，コミュニケーション能力の発達には必須である。

（2）なぜ，今，コミュニケーションなのか

1）未発達なコミュニケーション能力

　現代の日本人のコミュニケーション機能としてもっとも活用されているのが，携帯電話である。2人に1人以上が持っている時代である。いつでも，自分の都合で相手にコミュニケートできる。また，プログラミングされた一方的なテレビゲームも流行している。サービス業をはじめとする接客のマニュアルは，固定化された人間像を対象としている。これらに代表される現象は，生きた人間を相手としたコミュニケーション体験の喪失を意味している。人間は，

非常に複雑で繊細な動物である。生得的な遺伝子だけではなく，環境による影響も取り込み適応する能力をもっている。すなわち複雑な非言語的なコミュニケーションをも受け止める感性がある。しかし，これらの言語的コミュニケーションを中心とする一方的で固定的な対象の体験の蓄積ではプログラミングされたテレビゲームやマニュアルなど，固定的なコミュニケーション能力しか発達できない。パターン化された発達は，生きた人間，特に言語的コミュニケーション能力をもたない3歳未満児の子どもたちを理解することはできない。

現在，子どもたちのコミュニケーション能力が順調に発達しない背景には，こうした保育者を代表とする人間の存在がある。

2）虐待とコミュニケーション

現在問題となっているまでの虐待の急増を，誰が予測できただろう。育児ノイローゼになりそうだという親とか，「子どもがかわいくない」という親は，何が問題なのだろう。虐待の原因のひとつに，出産早期における母子分離があげられている。低出生体重児として生まれ，NICU（新生児集中治療室）やNGCU（新生児継続保育室）での生活を余儀なくされた親子は，お互いのコミュニケーションとしての手段であるサインの出し方や読み取りを学ぶ時間がもてない。コミュニケーション自体が非常に困難になる。そのためにコミュニケートできない悪循環が生じてしまう。

また，早期分離という環境になくても，コミュニケートしにくい，すなわちdifficult childに分類されるような子どもは，たとえ相互性をもちにくい保育者に要因があったとしても，「相性が悪い」ということでコミュニケーションをあきらめ，簡単に切り捨てられてしまう関係もある。

現在，特に虐待予防を含め，早期分離の子どもたちには，入院していても早期から直接コミュニケーションをもつ時間やアドバイスを保障するシステムが行われ，改善が見られていることを付加しておく。

3）生きる力とコミュニケーション

子どもたちに「生きる力」の育ちが求められている。本来，もって生まれてきたはずの力である。「生きる喜びと困難な状況への対処する力」（保育所保育

指針）とも記されている。コミュニケーションを通して、人は生きる喜びを得ることができる。また、コミュニケーション能力が、困難な状況へ対処する力と方法を与えてくれる。コミュニケーションとは、主体である自分自身を尊重しながら、環境としての人との和をつなぐ力である。1人で生きていくには限界がある。いかに自分を生かしながら、自分だけではなく、一緒に生きている仲間も生かすことができるか、その実現のために人は生きている。

「生きる力」を育むためには、コミュニケーション能力を育むことである。その中でさまざまな体験を乗り越え、喜びを経験する。その育ちのスタートは、出生直後から始まっている。特に、3歳未満児におけるコミュニケーション能力の発達が基盤となることを自覚したかかわりをすることが、保育者には求められている。

（3）コミュニケーションと思いやりの育ち

生後57日目から保育所に入所した子どもたち（男女児各1名）を卒園するまで継続的に観察させて頂き、たくさんのことを子どもたちから学んだ。目的は思いやりの発達を明確にすることであったが、コミュニケーション能力についても学んだことは多かった。

まず、子どもの育ちには、おとなから愛される実感がどれだけ必要かということである。愛された実感をもつことは、他者とコミュニケートしたいという意欲にもつながる。また、他者に受け入れられやすいコミュニケーション手段を身につけることにもつながる。保育者と信頼関係が成立できない子どもは、保育者に叱られたことが理不尽なことであっても、抗議することもしない。それは、おとなに対する不信感へとつながる。

また、3歳未満児での保育者とのかかわりが、子どものコミュニケーションパターンをつくる可能性がある。自分の優しさを素直に表現できる子どもと、素直に表現できない子どもを見てきた。3歳くらいまでに育まれたコミュニケーションパターンは卒園するまで継続していた。その表現の違いは、保育者とのかかわりの中で身につけたパターンでもあった。乳幼児の気質調査において

も，生後1か月から3歳までの経過では，気質の変化が認められたが，3歳から8歳の追跡調査では気質の変化は認められなかったという結果もある。このようにコミュニケーションパターンが3歳未満のところで形成されるのではないかと考えている。この点については今後の研究に生かしたい。

現在，「愛された実感」をもてない，情緒不安定な子ども・おとなが増えている。すべての人々が，愛し愛され，自分の能力を十分に発揮して生き生きと生きられることを，願ってやまない。

注1）**ベビーサイン**：アメリカの心理学者が提唱した「乳児が言葉の代わりに，サインでコミュニケーションをしようとすること」をいう。例えば，手のひらを差し出すと「やめて」であり，指先で手の甲をやさしくなでると「そっと」，頭に手をあてると「帽子」を意味するという。

〔参考文献〕
・平井信義・帆足英一・長山篤子・千羽喜代子(編)：思いやりを育む保育，新曜社（1999）
・津守　真：自我のめばえ，岩波書店（1984）
・津守　真：子どもの世界をどうみるか，日本放送出版協会（1987）
・保育所保育指針，日本保育協会（1999）
・三宅和夫：子どもの個性，東京大学出版会（1990）

第 4 章　乳児の夜泣きにみる心のサイン

1. はじめに

　夜泣きについては，すでに元禄時代に出された日本で最初の育児書である『小児必要養育草』(『小児養草』)において，「夜啼きは，多くは薬を用うるにおよばず，呪法にて治する事多し。それゆえに諸々の方書（処方書）に，さし立ちたる薬方なし」[1]との記述がある。さらには，『撫育草』(亨和 3 年, 1803 年) では「〔夜泣きするに〕燈心草・もぐさを焼きて灰をとり，乳の上に付けて呑ましむ」[2]や，『民家要術』(天保 2 年, 1831 年) では「閨の内の枕の元に，常に白米を置き，小児夜啼きするか，または物驚するとき，閨の内にその白米を撒き散らせば，その患を除くべし」[3]との記述や，『産育習俗語彙』(昭和 10 年, 1935 年) では「赤子が夜泣きをする時には，土で鏡餅を作って，それを便所へあげる呪い」[4]が紹介されている。これらは昔からいかに多くの親たちが夜泣きに悩まされてきたかを物語っている。1970 年代の論文では「夜啼症」という言葉も使われており，その意味は「原因がなく，夜中に発作的に啼きだす病気」(広辞林第 5 版, 三省堂, 1973) であり，意味合いとして病気の一種のとらえ方が含まれている。また，同時期の論文に，夜泣きを乳児期における心因性の問題行動ととらえたものもあり[5]，夜泣きを乳児の側に何らかの原因があることによる症状との見方があったことがうかがわれる。

　一般的には，「赤ん坊が夜中に眠らずに泣くこと」(広辞林, 1973) である夜泣きということばの方が多く使われており，最近の研究においては，発育過程

の一時的な現象であるとのとらえ方が中心となっている。前川によれば，夜泣きとは，「夜間に乳幼児が泣き母親を困らせる現象であり，多少の夜泣き，ぐずりは決して異常な行動とはいえず，発育過程の一時的な現象とも考えられているが，夜間に続く夜泣きは母親を中心とした家族の生活にとって負担になるのも事実である」[6]とされる。育児に関する相談の場においても，夜泣きに関する相談の数は多いが，夜泣きの問題は，乳児自身の発達の問題あるいは困難というよりも，乳児が夜間に泣くことによっておとなの生活に支障がきたされるということによる，むしろおとなの側にとっての問題ととらえることができる。

　乳幼児の夜泣きに関する研究は数としてはあまり多くはないが，これまでの研究の知見を整理し，そこから乳幼児の発達・成長を保障するための方向性をさぐりたい。

2．夜泣きの実態調査——夜泣きの定義とその発生頻度

　夜泣きの調査は，研究者が直接観察などを行うことは難しく，母親などの養育者の訴えによって診断するため，報告者の夜泣きの定義の仕方や調査方法の違いによって発生頻度に差が現れ，その数値にも幅がある。松島らは，病院に来院した母親へのアンケート調査において「大人の生活を妨げると思われるぐらいに顕著なもの」と定義し，生後から満1歳までの間に夜泣きを訴えたものは，総数301例のうち158例と報告している[7]。大原は，小児科外来の検診に来院した母子を対象に，母親へのインタビューを行い，夜泣きの定義を「夜間睡眠中の子が，毎晩のように1回あるいは2回以上何回も目覚めて泣き叫ぶ状態」であり，「1週間以上持続しているもので満4か月以上」とし，発生頻度は20.5％であった[8]。田坂は，夜泣きぐせと都市あるいは農漁村などの地域の特殊性との検討において，検診に来所した母親へのアンケート調査を行い，その定義は「生後3か月以後の乳児で夜間にぐずついて著しく親の睡眠を障碍され，1週間に2～3回以上数日間にわたり継続して繰り返されているもの」とし，発生頻度は12.6％から17.7％であった[9]。

表4-1 夜泣きの定義とその発生率の比較

	定　義	調査方法	発生率
松島・清水・羽室, 1968	おとなの生活を妨げると思われるぐらい顕著なもの。一寸泣いたが授乳を行ったり, おむつを替えたらすぐに眠ってしまう程度のものは含まれない。	病院内保健指導部に来院した母親を対象とし, 夜泣きの主訴のあったものについて, その発生に関連する事項を葉書でアンケートを取った。	満1歳までに301名中に158名(52.5%)
大原, 1978	夜間睡眠中の子が, 毎晩のように1回あるいは2回以上何回も目覚めて泣き叫ぶ状態。1週間以上続いているもので, 満4か月以上の子を対象。	小児科外来へ, 育児検診のために来院したものに, 診察中に直接聞き取った。	平均で, 20.5%
田坂, 1970	生後3か月以後の乳児で夜間ぐずついて著しく親の睡眠が障害され, 1週間に2～3回以上数日間にわたり継続して繰り返されているもの。	乳児定期健康診断相談に来所の生後3か月～18か月の全乳児の母親に簡単なアンケート用紙を配布し, 待合室にて回答を求めた。	地域別の発生率を調べ, 12.6%～17.7%と大差なし
島田・瀬川・日暮・赤松, 1992	夜泣きを回答の記述内容から病気および空腹による泣きぐずりや授乳による覚醒を除き, かつ夜間に1回以上の夜泣きが1週間以上持続したもの。	治療経過順調な未熟児および正常新生児を対象とし, ①夜泣きおよび夜間覚醒の有無, 発生時期と持続期間, 泣き方等を自由記述する調査票, ②対象児の家庭生活環境を把握する調査票, ③睡眠表を出生後, 退院先に郵送。	未熟児65名中28名(43.1%), 正常児47名中17名(36.2%)
矢内・千羽・帆足, 2001	夜泣きを回答の記述内容から病気および空腹による泣きぐずりや授乳による覚醒を除き, 夜間に1回以上の夜泣きが1週間以上継続するもの。生後4か月以降に発生したもの。	保健所において, 0歳～3歳までの乳幼児をもつ母親を対象に, 夜泣きの実体・母親の育児意識に関するもの・睡眠のようすについてその場で記入してもらった。	253名中74名(29.4%)

第4章 乳児の夜泣きにみる心のサイン

最近の研究では，島田・瀬川らが，未熟児および正常新生児を対象に睡眠発達の観点から退院後に調査票による夜泣きの調査を行い，その定義は「回答の記述内容から病気や空腹による泣きぐずりを除き，かつ夜間に1回以上の夜泣きが1週間以上持続したもの」とし，未熟児と正常新生児との比較において有意差はみられなかったものの，その発生頻度は未熟児が43.1%，正常児が36.2%と報告している[10]。

筆者による検診での母親を対象に行った質問紙調査では，夜泣きの定義を「回答の記述内容から病気や空腹による泣きぐずりを除き，夜間に1回以上の夜泣きが1週間以上継続するものとし，生後4か月以降に発生したもの」を対象とした結果，対象児253名中74名が過去および現在まで継続している夜泣きを経験しており，その発生頻度は29.4%であった[11]。

月齢別発生頻度における夜泣きのピークは，筆者の調査では，生後4か月〜10か月の間に発生したものが，68.7%であり，特に生後6か月から8か月に

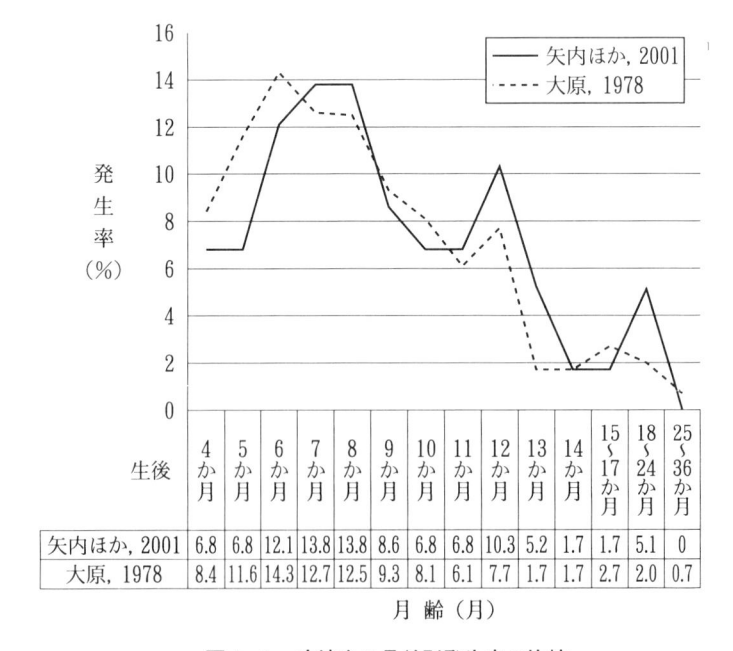

生後	4か月	5か月	6か月	7か月	8か月	9か月	10か月	11か月	12か月	13か月	14か月	15〜17か月	18〜24か月	25〜36か月
矢内ほか, 2001	6.8	6.8	12.1	13.8	13.8	8.6	6.8	6.8	10.3	5.2	1.7	1.7	5.1	0
大原, 1978	8.4	11.6	14.3	12.7	12.5	9.3	8.1	6.1	7.7	1.7	1.7	2.7	2.0	0.7

図4-1　夜泣きの月齢別発生率の比較

夜泣きの発生のピークを示している。筆者の調査よりも20年以上前のものではあるが，大原の調査においてもほぼ同じ結果が得られており，同じく生後6か月～8か月を夜泣きの発生のピークとし，その後漸次減少している。

3．夜泣きの主な原因

（1）身体面・心理面からの原因の追求

　乳幼児の夜泣きの原因については，従来より身体的・心理的の両側面から追求されている。松島らは，夜泣きの原因について，追跡調査により原因を除去したら夜泣きが治ったものを調べ，そこから逆に夜泣きの原因を探り，夜泣きの原因を分類した。その結果，もっとも多いものが原因不明とかまいすぎであり，それぞれ全体の約29％を占めていた。その他原因は，散歩・日光浴不足，長い外出や旅行などの特別な経験，断乳の遅れなど，暑さ，病後，就寝前の興奮である[7]。大原は，夜泣きの発生に関連するものとして，夜間の哺乳と日常生活での昼間のおんぶの開始を取りあげている。大原は，夜間哺乳と夜泣きの関連について，「夜間の哺乳の必要がなくなった後に，何らかの原因で夜泣きが起きたとき，それを静めようとして哺乳させたのがもととなり，以後ほぼ同じ時刻に夜泣きを起こし，哺乳させないと眠らなくなる」[8]と説明する。しかしながら，夜間の哺乳やおんぶの開始が夜泣きの発生やその習慣化につながるとの考えは，現代にそぐわないものである。前川は，身体的原因として，空腹，衣服の着せすぎ，布団のかけすぎ，過剰暖房による暑さ，蟯虫症，湿疹などによるかゆさや不快感，鼻閉，腹部膨満などによる呼吸困難，便秘，運動不足，騒音および各種の痛みを6か月以前の夜泣きに多い原因としてあげ，心理的原因として，昼夜の取り違え，過保護，抱き癖，就眠前の興奮，旅行や違った場所での宿泊をあげている[6]。

　しかしながら，これらの原因とされるもののうち，暑さや旅行などの経験によって夜間に泣くことはあるだろうが，これらの要因が毎日のように続くとは

表4-2 松島らによる夜泣きの原因別分類

原　因	例　数	頻度(%)
原因不明	40	28.8
かまいすぎ	40	28.8
散歩，日光浴不足	19	13.7
特別の経験	15	10.8
母乳	11	7.9
暑さ	8	5.8
病後	3	2.1
就寝前の興奮	3	2.1
計	139	100.0

＊follow up studyにより，原因を除去したら夜泣きが治ったものを調べて，逆に夜泣きの原因をさぐったものである
（松島・清水・羽室の調査より，1968）

考えられない。ごく短い期間の2～3日続けて泣くことの原因として考えられるとしても，ある一定期間続く夜泣きの原因とは考えにくい。また，過保護やかまいすぎ，抱き癖についても，どのような過程を経て夜泣きに結びつくのかは憶測の域を出ていない。

(2) 睡眠発達との関連からの原因の追求

最近では，瀬川による乳幼児期の睡眠発達と夜泣きとの関連[12]や，島田らによる未熟児と正常児の睡眠覚醒リズムの発達からの夜泣きおよび夜間覚醒についての研究[10]などから，乳児の睡眠機構の発達と夜泣きの関連が示唆されるなど，睡眠発達の観点からの検討が注目されている。

1) 乳児の睡眠発達

乳児の睡眠発達については次の論文に詳しい。馬鋼らは乳幼児132名を対象とし，day-by-day plot法で1日24時間の睡眠記録を母親に記録してもらい（記録期間は2週間から2か月で，最低分析期間は2週間とした），生後1か月までは睡眠と覚醒が1日に数回繰り返し，昼夜の区別がなく，いわゆる多相性の睡眠・覚醒リズムを示したが，2か月から4か月までに睡眠は徐々に夜間に移動

すること，昼間睡眠は8か月から13か月までの間に午前・午後にそれぞれ1回ずつの「2峰性の昼寝」のパターンをとるが，14か月以後になると正午に1回だけの「単峰性の昼寝」の形をとることを見いだしている[13]。

島田らは，乳児208名（早産児97名，正期産児111名）を対象とし，その調査方法は保育者が乳児の入眠時間，覚醒時間，哺乳や食事時間，夜泣きなど1日の生活を観察し，逐次的に記録するday-by-day plot法により，最低14日以上，最高52週間，毎日記入してもらうものである。早産児と正期産児を同じ修正月齢（出生予定日から数えた満月齢）で比較した結果，両群の月齢ごとの平均睡眠時間には有意差のないことが確認されており，生後1年間に夜間の睡眠時間は7.5時間から8時間台に漸増するだけであまり変化しないのに対し，昼間の睡眠時間は7.3時間から2.5時間と3分の1に急減しており，主に昼間の覚醒時間が増えることにより，1日の睡眠時間が減少していること，出生直後から既に夜間睡眠が1日の合計睡眠時間の50％を占め，夜間睡眠の個人差が小さく，ある程度安定していること，修正月齢1か月頃から，ほぼ同時刻に入眠する1日のリズムが確立しはじめていること，修正月齢4か月で1日の睡眠時間のうち，昼間の睡眠時間が夜間の睡眠時間2分の1以下になっていたことを見いだしている[14]。

2）夜泣きと睡眠発達

瀬川は，乳児の夜泣きは頻度およびその内容から，生後3か月までの夜泣きの群と生後4か月以降の群に大別し，3か月までの夜泣きは時間的に不規則に出現し，睡眠の持続時間も短く，まだ昼夜の区別ができていないことが原因になっている可能性が示唆されると報告している[13]。また青木によれば，生後1～2か月の乳児はまだ昼夜の区別なく，昼間よく眠って夜中に起きて親を困らせることは多く見られることであり，生後3か月を過ぎる頃から日中にかなり起きている時間が長くなり，次第に昼間は起きて夜寝るという睡眠パターンに変化していき，そして，6～7か月を過ぎるころになるとそれまで夜間よく寝ていた乳児が夜中に何回となく起きて泣くようになる現象が見られ，そろそろ本格的な夜泣きが始まる[15]と述べている。瀬川と同様に生後3か月までの乳児

の夜泣きについては,まだ昼夜の区別がついていないことによるものとの見方をしている。さらに帆足は,生後4〜8か月に夜泣きが多いことの背景として,昼夜の区別なく眠っていた多相性睡眠という眠りのパターンから,夜間にまとまって眠るといった単相性睡眠のパターンに切り替わっていくといった眠りの不安定な時期にあたり,そのためちょっとした刺激によって夜間の眠りから目覚めやすい特徴があることを述べている[16]。

乳児の夜泣きの原因として,睡眠発達との関連を考慮すると,昼夜の区別が明瞭になる以前に夜泣きととらえられているものは,昼夜の区別がついていないのだから,乳児が夜・昼関係なく泣くのは当たり前のこととされ,生後4か月以降の夜泣きと,それ以前のものとは同じ夜泣きとはとらえるべきではないということになる。そして,乳児の生活に昼夜の区別が現れた後の生後4か月ころから,夜泣き本番といわれる生後6・7か月の夜泣きに対して,多相性睡眠から単相性睡眠までの乳児の睡眠機構の発達がどのようにかかわっているのかについて,そのメカニズムを解明する必要があげられる。

(3) 夜泣きのとらえ方

ここで,夜泣きと睡眠発達機構との関連を考えた場合,夜泣きを乳児自身の睡眠発達上の問題あるいは障害としてとらえてはいないことをあげておきたい。睡眠覚醒障害の国際分類が提案されており,これによると,睡眠覚醒障害は次の4つに分類されている。

A. DIMS: Disorders of Initiating and Maintaining Sleep (Insomnias) 睡眠の開始と持続の障害(不眠症群)
B. DOES: Disorders of Excessive Somnolence 睡眠過剰のある障害(過眠症群)
C. Disorders of the Sleep-Wake Schedule:睡眠覚醒スケジュール(Circadian Rhythm)の障害
D. Dysfunction Associated with Sleep, Sleep Stage, or Partial Arousal (Parasomnias):睡眠,睡眠段階あるいは部分的覚醒に伴う機能異常(睡眠

時異常行動)

　この4つの分類には，夜泣きに相当する項目は見られない[17]。青木の乳幼児の夜泣きは親にとっては睡眠に関する問題となるが，夜泣きが乳児の成長や発達に支障をきたすことはなく，泣くことはごく自然なこととして受け入れるべき[17]との意見にも見られるように，現在のところ，乳児の側の何らかの異常や問題行動ではなく，成長に伴う現象のひとつととらえられているのである。

　夜泣きの原因として，これまで心理的・身体的両側面から，乳児の睡眠発達との関連など，あらゆる方向から夜泣きに関係しそうなものはすべて取りあげられているが，結局のところ，現時点ではこれが夜泣きの原因であると断定することは難しい。さまざまな理由が夜泣きの原因として取りあげられているが，はっきりとはわかっていないのが現状である。夜泣きをしている乳児は，半分寝ぼけており，乳児が眼が覚めているときは，空腹や痛み，寂しさ，不快（暑い，寒い），眠いといった原因が分かる場合が多いが，夜泣きはもともと本人が寝ぼけているので，その原因を突き止めるのは不可能だとの意見もある。しかしながら，乳児の夜泣きが養育者の生活に支障をきたすことは事実であり，乳児の夜泣きが異常や成長の障害ではないとしても，乳児の発達においてどのような必然性をもっているのか，その発達上の意味を明らかにする必要はあると考える。

4．夜泣きに関する研究の動向

(1) 夜間覚醒とあわせた実態調査

　米国での夜泣きに関する研究は，夜泣きのみを扱っているものは見当たらず，多くは夜間覚醒と夜泣き (Night-time Waking and Crying) とをあわせて，両親の苦痛や，子どもの虐待につながる要因としてとらえたものである。夜間覚醒 (Night-time Waking) は必ずしも乳児の泣きを伴わず，夜泣きとは異なるものである。その実態調査としては，T. ムーアらによる乳児の夜間覚

醒の研究があげられる。T. ムーアらは，夜間覚醒を「0〜5時の間に週1回以上かつ4週間にわたって覚醒し，泣くこと」と定義しており，その発生頻度30〜50％[18]には，実質的に夜泣きも含まれる。

直接夜泣きを扱った研究ではないが，V. A. ビールは乳児への夜間哺乳を止めることとその後の体重の増加などとの関連を調査し，その中で乳児の夜間の睡眠への影響のないことに触れている[19]。W. B. ケリーは，乳児期の夜間覚醒と気質との相関について研究を行い，ムーアらの定義をふまえ「生後6〜12か月の間に，0〜5時に1回以上覚醒し，泣くことが週4日以上かつ連続4週間以上持続すること」とし，対象乳児60名中15名（25％）に夜間覚醒が見られたと報告している[20]。J. F. バーナルは，77組の母子を対象として家庭における相互作用を観察し，睡眠と授乳のパターンを調査した。その結果，乳児が夜間に覚醒したときに与える授乳が，夜間に覚醒することに関係があるとする証拠はないことを見いだしている[21]。夜間覚醒と夜泣きの治療を目的とする研究としては，V. I. リッカートらによる，乳幼児の夜間覚醒と夜泣きに対して，親が定期的に子どもを起こしたり，授乳したり，なだめたりする場合（Scheduled Awakenings）と身体的な健康状態を保障する以外は計画的に子どもを泣いたまま放っておく場合（Systematic Ignoring）とで，予後を比較した研究もある[22]。

（2）乳児が泣くこと，そのものへのアプローチ

I. St. ジェームズらは，「長引いて，なだめにくい乳児の泣きは，母親に難しい気質の乳児であるとの印象を与える」[23]と報告し，B. W. C. フォーサイスらは，「乳児が泣く理由がわからないということは，1歳までの乳児をもつ親が専門家にアドバイスを求めるもっとも共通の訴えである」[24]と述べている。これらの研究は，夜泣きという現象そのものの解明に向けた研究というよりも，昼夜にかかわらず乳児は泣くものであり，その乳児の泣きをなだめにくいと親が感じることが，親としての不安につながるものであり，むしろ，泣くということそのものを扱うことが研究の焦点になっている。

乳児の泣きについては，I. St. ジェームズらは，乳児の泣きの持続（Persistent Infant Crying）の観点から生後1年間を，1～3か月・4～6か月・7～9か月・10～12か月に区分し，乳児の泣きの持続時間や頻度を調査した。調査は，母親に先週の自分の乳児の泣きに規則正しいパターンがあったかどうか，あった場合には午前なのか午後なのかといった時間帯などを詳しく記入してもらう質問紙法によって行われた。その結果，ほとんどの乳児は生後数週間から泣きの量を増加する傾向にあり，生後3・4か月を過ぎると泣きの量が著しく減少すると報告している。また，1日を午前・午後・夕方・夜に分け，それぞれ前述の月齢区分に基づいて泣きの量を見たところ，午後と夕方に泣きのピークを迎えるのは生後3か月までであり，夜に泣きのピークを迎えるのは生後9か月であったと報告している[25]。夜泣きの日本国内での調査結果における夜泣きの発生のピークとのつながりを感じさせる結果であり，興味深い。

さらに，前述のB. W. C. フォーサイスらは，乳児期に授乳困難や泣きが激しくなだめにくいといった行動を示す子どもが，幼児期に両親から性格上の弱さ（Vulnerability）をもつと認識されるか，さらには乳児期にそのような問題がなかった子どもに比べて問題行動や性格上の違いをもつかどうかを調査した。すなわち，誕生から3歳半までの観察と，子どもの年齢が3歳半に達した際に行われる子どもの行動と性格および母親自身のもつ子どもの性格上の弱さについての認識を質問紙法により調査したものである。その結果，乳児期に授乳困難やなだめにくいといった問題を抱えていた子どもとそうでない子どもの間で，幼児期に入ってから性格上の違いへの影響は見られなかったが，性格的に弱い子どもであるとの両親の認識に対して，支援的なアプローチが有効であったことを報告している[24]。

（3）乳児の泣きをどうとらえるのか

乳幼児が泣くということを一般的にはどのようにとらえているのだろうか。新生児や乳児は泣くことにより周りの人々に情動的反応を引き起こし，種々の情報を送り，要求を表す。泣き声を聞くと，母親はなんらかの不快なことの訴

えと解釈し，声をかけたり，抱きあげたり，授乳するなどの対処行動を起こし，その行為によって乳児が泣きやみ，機嫌が良くなったり眠ったりすると安心感や満足感，有能感が得られるものとされる。子どもの泣き声は元来人々にネガティブな感情を引き起こすものであり，だからこそおとなの緊急の対処を引き出すのである[26]。しかしながら，乳児の泣きが非常に激しくてなだめにくい状態が続くことは，養育者を不安にするものである。D. ウォルクらは乳児期に乳児が泣いてなだめにくい状態が続いたことが（Persistent Infant Crying），幼児期における多動などの問題行動の増加に関連するのかについてを調査した[27]。乳児期の泣きの強さが発達上の何らかの問題につながるのではないかという親の不安に応えようとするものである。

　Johnson&Johnson Pediatric Institute の『泣きやまない乳児についての手引き』(Early Infant Crying—A Parent's Guide) によれば，赤ちゃんがお腹が空いているのでもなく，おむつが濡れているのでもなく，疲れているのでもないのに泣くことを"理由のわからない泣き（Unexplained Crying）"と呼び，赤ちゃんを持つ親のおおよそ20％がこの"理由のわからない泣き"がひどいことで専門家の相談を受けるとしている。また，さまざまな国の研究者がこれまで，この"理由のわからない泣き"について研究してきたが，乳児期になだめにくい乳児であったことが幼児期の長期に渡る子どもの行動や情緒の問題の発生につながるとする証拠はまったくないとしている[28]。

　研究の方向性としては，夜泣きも含めて，乳児が泣くということを，乳児自身が自己を統制できるようになるまでのひとつの通過点ととらえており，夜泣きの原因そのものを追求する方向よりも，昼夜にかかわらず，泣きの強い子どもを持つ親への支援に焦点が合わさっているように見受けられる。

5．現時点での夜泣きへの対処として

　前述の『泣きやまない乳児をもつ親の手引き』(Early Infant Crying—A Parent's Guide)は、親へのアドバイスとして次の4点をあげる[29]。

　①　いつ頃から乳児の泣きに悩まされなくなるのかなど、親が乳児の発達の目安を知ることは、親がこの時期の困難を切り抜けるのを助けること。

　②　専門家に自分の乳児が正常に発達していることを確かめてもらうことは、自分の乳児は何の心配もないと親を安心させることにつながること。

　③　乳児の泣きについての最近の研究結果は、乳児が泣き続けるのは、腹痛などの何らかの問題を抱えていることよりも、むしろ、乳児が自分自身をなだめるには、難しい段階にいるためとの考えを提案するものであり、親は自分たちの乳児について、注意深い観察を続けることにより、乳児がみずからを統制していけるよう助けることを学ぶべきであること。

　④　育児に協力してくれる人を見つけ、わずかな時間であっても親が自分自身のために何かをするチャンスを得ることが大切と述べている[29]。夜泣きに対して、これといった有効な手段のない今、乳児の泣きに対する親へのアドバイスとしては、これ以上のものはあげられない。

　ただし、夜泣きに対する親の対処法には、乳児と添い寝をすることを奨励するなどの文化としてのしつけ観の違いや、親と乳児が同室で就眠するのかあるいは別室なのかといった養育環境の違いが、それらのアドバイスに微妙なニュアンスの違いを生じさせている。

　恒吉僚子とS. ブーコックは、イギリス・アメリカと日本との育児書における夜泣きの記述の比較を行った。イギリス・アメリカの特徴として、アドバイスにひとつの体系としての一貫性をもたせようとするところがあり、それに対して、日本の育児書では、イギリス・アメリカで見られるような体系的な対処法は展開されず、全体的に乳児の要求を受け入れることを基調にしながら、乳児が収まるようにしてやればいいとしていると述べている。特に、子どもがわ

ざと泣いているのか，あるいは自分でどうにもならなくて泣いているのか，つまり，子どもの意思がどの程度働いているかの判断に違いがあり，特に夜泣きについては，イギリス・アメリカの育児書は「子どもがわざとしており，したがって親が厳しく対応するべきだ」とのアドバイスが見られる[30]。

アメリカでの研究において，夜泣きそのものだけを扱うのではなく，夜間覚醒とあわせたとらえ方（Night-time Waking and Crying）が中心的であるが，その背景には，子どものとらえ方やしつけに対する考え方や文化の違いがあげられる。

6. 今後の研究の課題

乳幼児の夜泣きは，養育者にとって大きな負担となるのは事実であり，育児上の悩みとして数多く相談が寄せられるものである。夜泣きは，乳児の成長に伴う1つの現象であり，異常や何らかの障碍（しょうがい）へつながるものではないととらえている。乳幼児の成長のプロセスに夜泣きがどのようにかかわっているのか，また，どのように消失するのかを明らかにすることは，親に育児をしていく上での今後の見通しを与えることにつながる。そして同時に，夜泣きを抱える親に対してどのような援助をしていけるかを考える必要がある。乳児の泣きは，養育者がわが子の泣きに対して適切な対処行動をとり，子どもの泣きが効果的に終息するという乳児と養育者のスムーズな相互作用がなされることによって，安定した乳児―養育者関係を発達させる機能をもつ。しかし，この相互作用がうまくいかないと逆に，乳児―養育者間のきずなを弱め，その関係を崩壊させる可能性を生じる。親が乳児の泣きに対処することが困難である場合，そこに親自身が親として育つことへの何らかの問題を抱えているサインとしてとらえ，支援していくことも必要であろう。

〔引用文献〕
1) 山住正己・中江和江ほか:子育ての書1,平凡社(1976),p.332
2) 山住正己・中江和江ほか:子育ての書2,平凡社(1976),p.296
3) 山住正己・中江和江ほか:子育ての書3,平凡社(1976),p.80
4) 前掲3),pp.398-399
5) 森永良子「問題行動(精神身体症状)の発令年齢について(第1編)」,小児臨床,18(10),(1965),141-151
6) 前川喜平「夜泣きをする」,小児科,33(1)(1992),1431-1433
7) 松島富之助・清水志保子・羽室俊子「乳幼児の夜泣きの調査研究」,小児科診療,31(4)(1968),480-487
8) 大原俊夫「夜啼症に関する調査研究」,小児保健研究,37(1)(1978),24-27
9) 田坂重元「夜泣きの地域特殊性について」,小児の精神と神経 10(1)(1970),8-11
10) 島田三恵子・瀬瀬昌也・日暮 眞ほか「未熟児の睡眠覚醒リズムの発達に関する研究 第二報 未熟児の夜泣き及び夜間覚醒について」,小児保健研究,51(3)(1992),417-421
11) 矢内 由・千羽喜代子・帆足英一「乳幼児の夜泣きの調査」,小児の精神と神経,41(5)(2001),373-382
12) 瀬川昌也「睡眠発達と夜泣き」,ざ おむつ,11,メディカスインターコーン,(1986),17-21
13) 馬 鋼・近藤洋子・柳谷真知子・瀬川昌也・野村芳子・日暮 眞「乳幼児の睡眠・覚醒リズムの発達―秋田県と東京都のデータによる」,小児保健研究,49(5),(1990),568-572
14) 島田三恵子・瀬川昌也・日暮 眞・木村留美子・奥起久子・山南貞夫・赤松 洋「最近の乳児の睡眠時間の月齢変化と睡眠覚醒リズムの発達」,小児保健研究,58(5)(1999),592-598
15) 青木菊麿「特集・ねむる 赤ちゃんの睡眠と夜泣き」,愛育,55(5)(1990),17-21
16) 帆足英一「子どもの睡眠トラブル」,心のサインに気が付いて,企画社(1989),20-35
17) 井上英雄・大田原俊輔「母親の訴えから見た微症状 夜泣き,ねぼけ」,小児科診療,47(4)(1984),131-136
18) T. Moore and L. E. Ucho「Night waking in infancy」, *Archive of Desease in Childhood*, 33 (1957),333-342
19) V. A. Beal「Termination of night feeding in infancy」, *The Journal of Pediatrics*, 75(4) (1969),690-692
20) W. B. Carey「Night waking and temperament in inancy」, *Behaivioral Pediatrics*, 84(5) (1974),756-758

21) J. F. Bernal「Night waking in infants during the first 14months」, *Developmental Medicine and Child Neurology,* **15**（1973）, 760－769
22) V. I. Rickert and C. M. Johonson「Reducing nocturnal awakeing and crying episodes in infants and young children：A comparison between scheduled awakenings and systematic ignoring」, *Pediatrics,* **81**(2)（1988）, 203－212
23) I. St. James-Roberts and D. Wolke「Convergences and discrepancies among mother's and professional's assessment of difficult neonatal behavior」, *Journal of Child Psychology and Psychiatry,* **29**（1988）, 21－42
24) B. W. C. Forsyth and P. F. Canny「Perceptions of vulnerability three and a half years after problems of feeding and crying behavior in early infancy」, *Pediatrics,* **88**(4)（1991）, 757－763
25) I. St. James-Roberts and T. Halil「Infant crying patterns in the first year：normal community and clinical findings」, *Jornal of Child Psychology and Psychiatry,* **32**(6)（1991）, 951－968
26) 佐藤眞子(編)：人間関係の発達心理学2　乳児期の人間関係, 培風館（1996）, pp. 54－56
27) D. Wolke, P. Rizzo and S. Woods「Persistent infant crying and hyperactivity problems in middle childhood」, *Pediatrids,* **109**(6)（2002）, 1054－1060
28) Pediatric Institute：Early Infant Crying A Parent's Guide, Johnson & Johnson Pediatric Institute（2001）, 8－9, 36－37
29) 前掲28) 32－43
30) 恒吉僚子・S. ブーコック：育児の国際比較, NHK出版（1997）, pp. 66－77

第5章 第一反抗期を再考する

1．はじめに

　3歳未満児とさまざまな場面でかかわっていると，ほとんど必ずと言ってよいほど，「反抗期だから」「反抗期の子育ては」など，「反抗期」ということばが，親から，または保育士やその他専門家の中からも出てくる。むろん，ここでいう「反抗期」は，第一反抗期のことを指しており，日本では，日常的にも学術的にも使用されている。

　この章では，「第一反抗期」について，子どもたちの育ちと，その育ちを支えるおとなたちのかかわりを中心に考えたい。

2．第一反抗期とは

（1）「第一反抗期」ということば

　この，「第一反抗期」という語句について，『最新保育用語辞典』では，次のように説明している[1]。

> 幼児は，2歳半をすぎると身体的・精神的発達が一段落して，自分でこうしようという意図や，こうしたいという自分なりの「つもり」をもって行動し，自己を主張するようになる。これが第一反抗期である。第一反抗期は，自我の発達と深い関わりをもっており，一方では母親にすがりつこうとする依存の状態から，親から離れて自分の意志に従って自分で自由に行動したいという自立の状態への過渡期であ

る。この頃の幼児は，自分なりに何でもできるつもり，するつもりになっているが，親や周りのおとなの目から見れば，まだまだ危なっかしくて，とかく心配の絶えない，はらはらさせられる時期である。しかし，おとなが口を出したり，手を出すとそれに反抗するのである。(山口茂嘉)

また，石田勢津子は，次のように述べている[2]。

　……生後2年間ぐらいは，子どもは親や年長者に対して服従的であるが，その後，……(中略)……親の指示にも従わなくなる。……(中略)……この頃の子どもは，自己に目覚めはじめ，自主性や独立心が芽生えてくる。だが，自分の欲求を抑えることを知らず，「我」を通そうとするために，親の支配や統制に対して反発することになる。この時期を第一反抗期とよぶ。……(中略)……子どもは反抗の結果，他者の欲求や意図の存在を知り，自己中心的な態度，視点から脱却する契機となるのである。したがって，親が子どもの欲求を一方的に充足させるような行動をとることは，子どもの自己の発達や，さらには社会性の発達にとってもマイナスである。……(中略)……一般的に，子どもの反抗の対象となっている事柄や状況を改善すれば反抗はしなくなる。子どもの反抗に対して，それを冷静に受けとめ，気分転換をさせたり，緊張を解消させるような受容的な態度で臨むことが，子どもの自主性や独立心を育てるためには有効であろう。

この2つを読むと，第一反抗期とは，自己形成のための自我の発達段階の1つで，この時期は2歳以降に現れてくるものと，解釈することができる。そして，その時期の，育てる者にとっても子ども自身にとっても，ストレスの多い生活になることが多い，と言えそうである。

一方，山田紀代美は別のとらえ方をしている[3]。

　……実は，この反抗期にみられるような拒否や否定表現の芽生えは生後3か月頃，授乳のときに乳首を振り払うといった回避行動にすでにみられ，7か月頃から1歳近くになると首を横に振ったり手で払いのけたりといった拒否の身振りがみられます。

子どもは，育ちの中で誰に教わるわけでもなく，反抗という態度を取りはじめる。反抗とは相手がいなければできないことで，社会性の発達の1ステップでもある。このステップが，子どもの育ちの中のいつから始まっているのかは，親や保育者のとらえ方，あるいは"3歳＝第一反抗期"という固定概念で決められている，と考えられる。また，なぜ「反抗期」ということばで表現されているのだろうか。子どもは，自分自身で強く意識して反抗しているわけで

はなく，自分をコントロールすることが未熟で自己表現力も乏しい時期に，自我を発揮しようとするために，おのずとこのような態度になってしまっているのではないだろうか。

さらに，子どもが「反抗する」のは，親やその他周囲のおとなたちに対してであって，子どもの言動を「反抗」ととらえるのは，おとな側の主観である。つまり，育てる側のおとなのとらえ方から，「反抗期」ということばが成り立っていることがわかる。

以上のことから，筆者は「第一反抗期」のことを「自己表現不的確期」という認識でとらえてみようと思う。

（2）第一反抗期のスタート

前項で挙げたように，第一反抗期が一体いつから始まるものなのかは，とらえ方によって異なっている。ここでは，乳児のかなり早い段階から，子どものようすを「反抗」としている例をあげる。

1) 0歳より始まり3段階に分類

平田慶子は，第一反抗期を段階的に3つの時期に分類している[4]。最初に，① 拒否の形の反抗の芽生え，次に，② 抵抗という形の反抗の芽生え，そして，③ 反抗の満開期（怒りと不安）である。

① では，生まれたばかりの赤ちゃんでも，泣きわめいたり母親の思い通りに授乳に応じなかったり，乳首をかんで母親を痛がらせるなど，拒否の姿が見られることから，反抗が芽生えている。元の状態への固執からくる防衛手段としての拒否である。② は，自分ではできないことでも試みようとしたり，イヤイヤを言葉や動作で連発するなどの行為で，ひとり歩きができはじめたころから，頻繁に見られる。これは抵抗的な反抗で，新しいものを求めようとすることから起きる，独立的行動である。③ では，2歳を過ぎると，ぐずったり，すねたり，聞こえないふりをしたり，親が嫌がることをわざとするなど，さまざまな形で「反抗的」な態度を取りはじめる。これは，さまざまな欲求をもった子どもが，満たされない怒りの情緒を表現している，ということになる。ま

た，失敗したり，難しいことを要求されたりすると，責任転嫁，へりくつ，「だって」の連発などで解決しようとする姿が出てくる。これは，「不安の結果としての反抗」と説明されている。

2）2歳までにおさまる反応

アメリカの心理学者B.L.ホワイトは，子どもが第6期（1歳2か月から2歳まで）に入ったことを示す，何より重要な行動が反抗で，親の権威に盾突く行動である，と説明している[5]。そして，反抗期は最低でも1歳の後半の6か月間に見られ，まだ自分の名前を言ったり，自分の物だと言えないうちから現れることもよくある。赤ちゃんは「いや」ということばを何かと使うようになるし，ことばではなくても「いや」と言うことを態度に現すことは確かで，いずれにしても家族には不愉快なものである。1歳8か月から1歳10か月にかけて，それまで反射的に反抗していたが，徐々に反抗しなくなるはずで，順調にいけば親を試したり逆らったりする回数も減りはじめる（図5-1）。

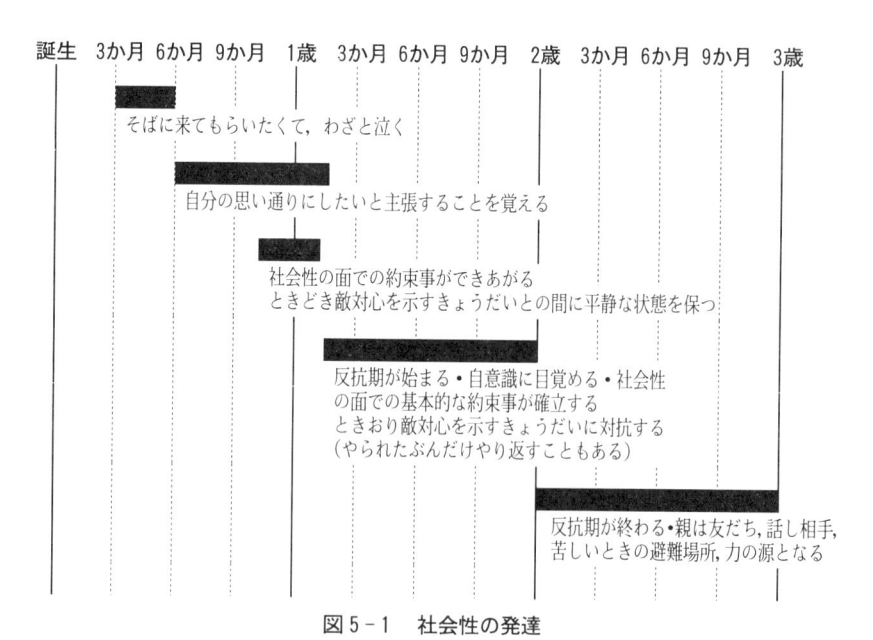

| 誕生 | 3か月 | 6か月 | 9か月 | 1歳 | 3か月 | 6か月 | 9か月 | 2歳 | 3か月 | 6か月 | 9か月 | 3歳 |

- そばに来てもらいたくて，わざと泣く
- 自分の思い通りにしたいと主張することを覚える
- 社会性の面での約束事ができあがる
- ときどき敵対心を示すきょうだいとの間に平穏な状態を保つ
- 反抗期が始まる・自意識に目覚める・社会性の面での基本的な約束事が確立する
- ときおり敵対心を示すきょうだいに対抗する（やられたぶんだけやり返すこともある）
- 反抗期が終わる・親は友だち，話し相手，苦しいときの避難場所，力の源となる

図5-1　社会性の発達
（B.L.ホワイト：ホワイト博士の育児書，くもん出版，1997，pp.334-335）

3）日本の子どもの自己主張と反抗

氏家達夫は，自己主張・反抗を，健全な自我の発達や自律性の発達のために不可欠なものとしている[6]。そして，日本の母親たちが，子どもの自己主張・反抗をどのように意味づけ，対応しているかという観点から，日本における反抗期のとらえ方を次のように述べている。

日本の母親たちは，「反抗」とは発達段階の1つで，今それがないと後で困るもの，ととらえている。具体的には，何事にも「いや」だと言ったり，わざと反対のことをするなどの言葉や行動での不服従が，反抗の姿，と認識している。子どもの反抗には困っているし腹が立つ，早く終わって欲しい，と思う一方で，発達段階であるし，反抗がないと後で困ったことになるのでは，という将来への不安ももっており，この2つの思いの間でジレンマを感じる母親が多いようである。反抗への対応は，2歳半までは権威的な対応を示そうとする母親が多いが，体罰を与える母親もいる。実際には反抗したら放っておく，という母親も多く，子どもの反抗や自己主張に振りまわされ，手を焼いている姿がうかがえる。そして，3歳半になると子どもの反抗について，我慢などの抑制ができるようになった，と感じる一方で，理屈や言いまわしが巧妙になり，より強くなった，と否定的に受け止められることが多い。

日本では，仲間との協調や集団規範や権威への従順がかなり重視され，より自己抑制力が身に付くことが求められる。自己主張・反抗は大切なものだが，それを積極的に意味付けず，自己主張を上達させると思えるしつけはしていない。母親は，結局自己主張・反抗を通過儀礼として受け止め，子どもの聞き分けができることで反抗期は終わる。氏家は，「子どもたちの生活の場での自己主張が，どのように扱われ，評価され，方向づけがなされているかを再考する必要がある」としている。

以上のように，日本では，0歳児から少しずつ見られはじめ，2歳過ぎからがもっとも激しい「反抗期」となり，親たちはその方向づけがはっきりしないままに子どもの反抗とたいじしている，と述べられ，この考え方が一般的にな

っているのに対し，B. L. ホワイトは反抗期を1歳代後半の事象と明確に記し，アメリカでは，2歳ではほぼ治まるもの，と考えられていることがわかる。つまり，子どもの言動の何に対して，このことばが用いられているのかによって異なっていると，考えられる。

　日本では，子どもの自我がはっきり芽生え，自立した行動も見られるようになった中で，行動でもことばでも親に対して反発する形で自己表現，自己主張するときを，反抗期と認識する。それは，親の意識の中で赤ちゃん時代のような，ひたすらに保護し，手を掛ける状態を卒業して，育児が楽になるのでは，という期待感があるころに，子どもが反抗という形で精神的に圧力を掛けてくる，親の心への衝撃を指している，と筆者は考える。それに対し，B. L. ホワイトは「いや」の出現時期に，焦点を置いている。子どもの言動で初期に出てくる「いや」は，誰かの模倣であったり，ある何かが子どもにとって純粋にいらないものであるなど，その内容はあまり複雑ではない。子どもは「いや」と言ったり首を振ることで，親の反応を楽しむようになっていき，次第に故意に言ったりいたずらに逃げまわったりすようになる。B. L. ホワイトは，意味内容の複雑さではなく，「いや」の言動を子どもがとる時期を反抗期としていることがわかる。

　いずれにしても，子どもの自己表現手段のひとつに反抗という形があり，1歳すぎから多様な姿で出現している。それを，子どもの自己主張とするか，「反抗期に入った」と認識するかは，子ども本人ではない，おとなたちの主観にゆだねられているのである。

（3）さまざまな「反抗」の表現

　第一反抗期の現れ方は，子どもによってさまざまである。それは，どのような環境で生まれ育ったか，などの外的因子と，生まれながらに個々がもっている内的因子の双方が影響している，と考えられる。

　子どもの反抗に影響する外的因子とは，例えば，細々と指示を出す親，子どもの想いに的確に反応することが苦手な親などに育てられている場合や，逆に

2. 第一反抗期とは 101

常に穏やかで，子どもの「イヤ，ダメ」に比較的のんびりと対応する親など，親の養育態度がまずあげられる。次に，きょうだいの有無がある。家の中に年齢は違っても同じ子どもとしての仲間，あるいはライバルがいることで，いざこざは耐えなくなるものである。必然的に，親に叱られる頻度も増し，親の権威に抵抗したい気持ちも1人でいるときよりも増える，と予想される。また，それぞれの状況下での反抗する相手による違いもある。抵抗したり反発する行為を直接示す相手とは，子ども自身が気を許した相手（例えば親や保育者，よく遊ぶおとななど）だったり，自分に対して"優しい"人（例えば祖父母や親戚のおとななど）であることが多い。他に，子どもがよく知らない相手でも，一緒に親が居ることで安全基地を確保した上で，反抗的な態度をとる場合もある。このように，1人の子どもの中でも，相手によってその姿を変えることはよく見られる。

　一方，内的因子とは，個々のもつ気質の違いや，性別，そのときの体調や気分の善し悪しなどがあげられる。筆者が3歳児健診や育児相談会などで母子と面接をしたり，母子の関係を観察していると，実にさまざまな姿が見られる。

エピソード1（Y子，3歳1か月）
　　　　　　　　暴言を吐く
　母：「Y，お友だちと仲良く遊ぼうよ」
　Y：「あそばないんだってば！うるさいの！バーカ，バーカ！」

エピソード2（S夫，2歳8か月）
　　　　　　　　態度で示す
　母：「ほら，○○君だよ，おはようって…」
　S：無言でぷいっと顔を背けて，母の後ろに隠れる

　子どもは，当然それぞれ個性をもっている。例えば感情の起伏が激しく，かんしゃくもちの子，すぐに相手をたたいたりかみつく子，逃げまわったり，力ずくで反抗するなど，運動能力が高い子，ことばで反抗する子など，子どもの反抗的な態度は多様で，子どもたちの元来もっている個性と，諸要因を組み合

わせると，限りなく反抗のタイプは生まれてくる。

また，ある同様の反抗的な言動を子どもがとったとき，それをおとながどうとらえるかによって，反抗的行動か否かも変わってくる。例えば，エピソード2のS夫の例で考えると，母親は自分に反抗していると思っても，他者は，S夫が内向的な性質であいさつもまま成らずに隠れた，と理解するかもしれない。そうすると，S夫の態度は，「反抗」ではなく，「自己防衛」なのである。「反抗期」の子どもの姿を，どのようにとらえるかは，その対象の親や保育者の主観に大いに左右されると言うことができる。

さらに，「反抗期」がいつ現れるか，ということも個々で違いがある。2歳になる前から嫌なことには「いや」を連発したり泣き騒いで抵抗，拒否をはっきり示す子もいれば，親に言われるがままに従順にしている子もいる。3歳で落ち着く子，社会性がある程度ついた後，理屈をこねたり，他人のことばの受け売りをするなど"高度な反抗"を示す子もいる。また，きょうだいが生まれたり，転居などの要因で反抗が現れたり，逆に落ち着いたりする場合もある。

以上のように，反抗期の現れ方はさまざまで，対応の仕方もそれぞれに応じた方法になる。おとなが，知識として理解してあったり，みずからの育児経験を糧にしても，参考にはなるが，まったく同様，ということはほとんどあり得ない。反抗期の子どもに対応するための心構えとして言えることは，「事前に想像していても，実際にその状況になってみなければわからない」ということであろうか。反抗の時期，頻度，激しさなどについて，子ども自身を理解し，予測をたて，自分の保育方針や対応方法をある程度固めた上で，現れた態度にそのつど応じていく。その積み重ねによって，親はその子の反抗期を受け止め，理解し，子どもは自己表現について学んでいくものと考える。

（4）反抗期の親子関係

第一反抗期の子どもを育てている親，特に日中子どもと1対1で過ごすことが多い母親たちには，とまどいや悩み，いら立ちがあるようで，「第一反抗期の子育て」については，育児雑誌やインターネット上のテーマにも，よくあげ

図 5-2　第一反抗期をテーマにした雑誌
(たまひよこっこクラブ 2002 年 5 月号(第68号)，ベネッセコーポレーション，p. 75)

られている。

　母親たちが，これらを読んで，自分と同じ境遇の人がいることに一体感を覚えたり，自分の育児と照らし合わせて，どちらが大変か比較したり，専門家の見解を読んで納得したり，逆にその見解や理論に憤慨するなど，個々によって受け止め方は違うであろうが，ひとつ言えることは，家族ではない第三者に，何らかの救いの手を伸ばしているのではないか，ということである。そこに完璧な答えを求めているというより，共感したい，または共感されたい，という思いが強いと考える。

　また，健康診断や育児相談会などの面接場面でも，母親の悩みがよく聞かれる。

> **エピソード3—A**（F，3歳1か月，女，第1子）
> **3歳児健診での母からの相談内容**
> 　以前から口が達者な子だったけれど，最近，特にひどくて，バカヤローとか，うるさいんだよーとか，怒鳴ってくるんです。私（母）に対する反発はすごくて，毎日お互いにイライラしています。生活リズムも狂ってきてしまって，朝寝坊だし，夜も12時ごろまで寝てくれません。直そうと思っても，ぐずるとかんしゃくとかひどいしヒステリーを起こすので，朝起こすのも考えてしまいます。頑固で，イヤと言ったら絶対に聞かないので，本当に疲れてしまいます。Fは，私に怒られると，悪口雑言を並べて，しまいにはギャーギャー大泣きし，一階の祖父母の部屋へ行ってしまいます。家族の中で自分だけが叱り役なので，Fとの関係はどんどん悪くなっています。主人にも「おまえとFは，本当に気が合わないなー」と言われてしまい，こんなに一生懸命やっているのに…私，母親失格かなー。

　これは，決してまれなケースではなく，反抗するわが子との関係に悩んだり，ストレスを感じている母親からの相談は絶えない。中には，その場で泣き出してしまう母親もいる。

　子どもたちの反抗する姿はそれぞれ異なるし，反抗の激しさも違う。必ずしも反抗的態度が激しい子どもの親ほど，ストレスが多いとは限らず，その子とのかかわり方や，母親自身の性質を含め，子どもの姿の受け止め方によってもかなり変わる。子どもの発達に対する理解が為されていたり，割り切りや気分転換がうまい親，子どもと離れる時間をもっている親は，比較的良好な子どもとのかかわりを保っている。しかし，まず大切なことは，母親が精神的に余裕をもっていることだと言える。子どもの「いや」に，「そうなの」「～がいやなのね」などのように，受容し共感できる心のゆとりが母親にあると，母親のいら立ちの度合いは減る。子どもも気持ちを受け止めてもらえた安心感から，たとえ同じ反抗でも，感情の起伏に伴う突発的な暴力や，ヒステリーなどの行動よりも，"自己主張の試み"のような，"反抗"という形の母親との安定したコミュニケーションのひとつ，となり得る。

　上記（エピソード3—A）の母子関係はどのように変化していったであろうか。

> **エピソード 3—B**（F，3歳8か月）
> **母へのインタビューより**
> 　健診の直後，私（母）が職場復帰することになったので，Fは保育園へ通園することになりました。初めは起きなくて大変だったけど，必然的に生活リズムは正常になってきて，夜も9時ごろには寝てしまいます。最近では，夕食のお手伝いもしてくれます。元々世話好きなので，着替えの支度は弟の分までしてくれます。保育園ではリーダー的存在らしく，他の子の世話を焼いたり，けんかでは口で（言い合って）負かせたり…。通園で忙しくなったので，祖父母の所へ逃げ込むこともほとんどなくなりました。「おかあさーん」なんて，言ってきてくれるんです。もちろんお父さんも大好きだけど，以前ほどべったりではなくなってきて，主人は寂しがっています。時期ってあるんですね。あのころの悩みなんて，忘れちゃったかな？（笑）

　このケースの場合，それまでFの弟の育児休暇のため，ずっと家で過ごしている中で，Fとの関係にストレスを強く感じていた母親が，このタイミングで職場に復帰し，Fと離れる時間をもつことができた。F自身も，集団生活に適応する必要性が生じ，それまで多く見られたストレートな自己表現や甘えの気持ちを，コントロールする能力が次第に着いていったものと思われる。一度何かの歯車が狂うと見事に泥沼にはまってしまう，反抗期のデリケートな母子関係でも，過ぎてしまえばこの母親のように笑って当時を振り返ることができるのが，母子のきずなの強さであり，素晴らしさだと思う。

3．記録から，第一反抗期を追う

　この項では，筆者自身の育児記録から，第一反抗期の姿をたどる。
　記録は，筆者（母親）自身が記述したものと，子どもが1歳2か月から3歳8か月まで利用していた最寄りの認可外保育所（以下，託児所もしくはY○○と記す）の保育士が，家庭への連絡として記述していたものの2種類である。ターゲットとなるのは，筆者の第1子（男，以下Rとする）で，抽出する時期は，記録の中で"反抗らしい"姿が頻繁に現れだした1歳10か月頃からで，「第一反抗期」のRと，Rにかかわるおとなたちの姿を13例挙げる。さらに，時期

を次の3つに分類する。(1) 1歳10か月～2歳1か月（弟の誕生時期),(2) 2歳1か月～3歳0か月, (3) 3歳0か月～3歳8か月 (保育園就園の始期), の3段階である。

(1) 反抗の始まり（1歳10か月～2歳1か月）

この時期は，時間的には短い期間だが，Rにきょうだいがまだいない時期として，区切りをつける。

記録1 1歳10か月（母の記録）

〈「イヤ」「やらない」の連発〉

近頃のR君のブームは「イヤ」の連発，あるいは「あっち行く?」に対して「コッチ!」,「あれやろう」に対して「ヤラナイ!」などなど，反対のことを言うことに生きがい(!?)を感じているようです。食事のときも，パパの椅子によじ登って「マンマ」と言うので，「R君の席，こっちでしょ」「エプロンしなくちゃ食べられないよ」などと言っても，席を移動しようとしません。「じゃあ，ごはんなしだねー」と言うと，フガフガ言って怒っています。ママが1人で食べ出すと，ゴソゴソとあきらめて移動しはじめることも多いけれど，何かと'やっかいな'年ごろになってきたみたいですね。そして，ママが叱ると物を投げつけてきたり，放り出したり，たたいたりかみついたり…。おもしろいけど，時々くたびれます。

図5-3
反抗期のRの姿①
（1歳10か月）
「ハイポーズ」とこだわりのポーズを取る

Rは，比較的温厚な性質で，それまでは，食事，着替え，散歩の時間やコースなど，何をするときもほとんど母親の言うとおりに動いてくれたのが，このころになって，さまざまな場面で意思を強く現すようになってきたことに対する，母親の思いが現れている。当時，母親は第2子を妊娠しており，Rの要求に思うようにこたえてあげられないことも，Rへの負い目のように感じてい

る。まだ反抗の初期的段階で，母親はRとのかかわりにゆとりがあるのか，冷静に，穏やかにRの気持ちを受け止めている。

記録2　2歳0か月（母の記録）

〈「ちがう」の自己主張〉
　お口が達者なR君，自己主張も立派なものになってきました。
　例：M「トイレ，行く？」　R「いかない！」
　　　M「Y○○（託児所の名前），行こう」　R「Y○○ちがう！」
　　　M「ねんね，する？」　R「しなーい！」
　大好きな歌あそびも，ママがR君の要求通りのものを歌ってくれないと，「ちがう！」と言われてしまいます。ことば自体はかなりしっかりしてきましたが，それでも時々解読不能のものもあり，一生懸命こちらから言ってみるのですが，「ちがう，ちがう」と否定されてしまいます。

Rの発語に二語文も多く聞かれるようになり，日常生活の中でも，かなり会話らしくなってきている。同時に自己主張もはっきり強くなってきて，母親のことばかけに否定的に応じる場面が増えている。一方，まだまだ発音が不明瞭で，Rが何を言って，何を要求しているか，母親が理解できず，試しにいろいろ言ってみると，R自身が母親にわかってもらえないいら立ちを感じている。

記録3　2歳0か月（保育士の記録）

〈甘えと積極性〉
　ことばがたくさん話せるので，驚いてしまいました。知らないことばでも，真似してくれます。何かを自分ですると，「せんせいも」と必ず言ってくれます。ジャングルジムから，ベッドの中に移るのに「アカナイ，アカナイ」と，なかなか先に進めませんでしたが，励ましてやると何とか乗り越えることができ，嬉しそうでした。逆でも同様「アカナイ，デキナイ」を連発しましたが，励まして，ようやく自分の力でできました。

家では，記録2のような姿が多いRだが，このころの託児所の記録を見るとあまり否定的な言動はしていないことがわかる。託児所では，意欲的な姿が多く，自我の現れとしては積極的な姿である。反抗する相手を，自分の中で決めているようで，母親はRなりに外では相手に気を遣っているのでは，と感じている。ただし，Rは粘り強い方ではなく，自分が簡単に達成できないことに直面するとすぐに「できない」ことをアピールし，甘えたがることが多い。

（2）弟の誕生と，反抗の多様化（2歳1か月～3歳0か月）

Rが2歳0か月28日のとき，弟のNが誕生した。それまでは，Rが生活の中心で，Rの欲求や思いは，たいていの場合受け止められていたが，これを境に要求が通らなかったり，我慢せざるを得ない場合が増えるなど，Rの生活のペースが一変する。少し前から拒否や抵抗などの反抗的な姿も現れてきており，この時期はRの自我がさまざまな形で現れている。

記録4　2歳3か月（保育士の記録）

〈退行気味〉
　「散歩に行こう」と誘うと喜んで外に出たのに，歩かなければならないとなると「（散歩を）しない」。気が向いたら歩かせればよいと，ベビーカーに乗せて出かけました。堤防でも，公園でも降りようとせず，唯一降りて遊んだのは，駅前の（足浴）温泉だけで，その他はいつも好きな遊び場でもとうとう降りませんでした。最近のR君は少々退行現象気味で，こういう日が多く見られます。

弟Nが生まれて2か月たったこのころになって，Rに赤ちゃんがえりや甘えの姿がはっきり出てきている。家では弟の世話があるため，日中母親1人ではRの甘えに応じてあげられないが，託児所では，保育士が受け止めていることがわかる。母親自身，Rを甘えさせてあげたいが，現実には家事の合間やNの昼寝時間だけだったり，たとえ1対1でも常にNのようすを気にしなが

らRと接しているので，Rに対して申し訳なく思っている。母親は心のゆとりもあまりないが，託児所の保育士には，Rの言動をそのまま受け止める余裕が感じられる。Rも，以前より自我を出すようになっている。

記録5　2歳7か月（母の記録）

〈気分次第でさまざまな姿〉

　前から，自分でいろいろとやりたがっていたけれど，このところますます「自分で！」が増えてきました。トイレのあとに，パンツとズボンを履くなどは喜ばしいことですが，ピアノを自分で弾きたがり，ママが正しく弾いてあげようとすると，ママの手を払いのけます。歌を歌ってあげると，「言っちゃダメ！」と怒られます。そうかと思えば，「ママー，弾いてー」とせがんだり，食事は「あーん」と言いながら，口を開けて待っていたり，Y○○（託児所）では自力で履く靴も，家では履かせてもらい「Y○○ではねー，じぶんではくのー」と言っています。まさに2歳児！気分屋さんです。

　Rの行動が正しいか否かはまったく関係なく，Rの生活（特にあそびの面）の主導権をR自身がもっていることがわかる。ピアノの場面では，母親としてはきれいな音色を聞いてもらいたい，メロディーを楽しんで一緒に歌いたい，という思いがあるが，Rはまったく気にせず，「自分で演奏する」ことに満足している。その反面，母親に甘えてくる場面も多い。記録4のころは，「Rの甘え」に母親はうまく対応できずにいたが，このころになると母親の方に余裕が出てきている。一方，託児所では赤ちゃんがえりや甘えは減り，逆に自立の言動が多くなっている。Rは時期や状況に応じて自立，甘え，反抗など自己表現を変化，区別していることがうかがえる。

記録6　2歳8か月（保育士の記録）

〈叱られて〉

　散歩に出かけるため、靴を履かせようと玄関のところにYちゃん（男、1歳5か月）と、Rちゃんを腰掛けさせたとき、Rちゃんが、「Yちゃんダメ！」と押し倒し、Yちゃんは頭を打ちました（大泣きしただけで、大丈夫でしたが）。難しい年齢ということは十分承知していますが、今日はあまりにも危ない行為だったため、倒した手をぴしゃりとたたきました。Yちゃんの大泣き、叱られたこと、手をたたかれたことに驚き、Rちゃんも大泣きしました。しばらくRちゃんを抱いていましたが、その間「Rのママー」と言っていました。少し落ち着いたところで、なぜ叱られたのかを説明しました。叱ったけれども、Rちゃんのことは好きなのだと言うことも説明しました。やがて、散歩に行かない、と言っていたRちゃんも「行く」といい、Rちゃんを呼びに来たYちゃんの頭をなでました。Rちゃんなりに理解したのだと思いました。反抗期でもあり、ストレスもあるかもしれませんが、それを理解した上で、やはり注意すべきことはしていきたいと考えます。散歩に出てからは、いつもと変わらず、走りまわっていました。

　Rは、今まで自分をかなり自由にさせてくれていた託児所で、強く叱られたことで、ややショックを受けたようすである。保育士も、R自身と母親の方にも心を配っていることが感じ取られ、母親は、この日の記録から保育士が真剣にRのことを受け止めて、保育してくれていることを改めて実感している。R自身は、このできごとを本人なりに理解しているらしく、帰宅後母親から報告を受けた父親に、なぜ今日泣いたかを聞かれると、「Yちゃん、転んじゃった。エーンて泣いちゃった」などと説明する。この

図5-4　反抗期のRの姿②（2歳8か月）
わざと顔をくしゃくしゃにする

翌日は，他の子とのぶつかりあいもなく，楽しく遊んだ，という保育士の記録もあり，R自身も気をつけていたこと，泣かせた，叱られたことを気持ちの上で引きずらない，子どもの気分の切り替えの速さが感じられる。Rの反抗期，という時期を，周囲のおとながまるごと受け止め，その上で社会性を育てようとする姿勢の大切さが見えてくる。

記録7 2歳10か月～2歳11か月（母の記録）

〈リトミック教室で暴走！〉

　教育委員会主催の親子リトミック教室に，これから計8回，参加してみることになりました。初回は，動物体操や，ピアノの音に合わせての返事，リズムあそび，手あそびなどをして，7割くらい皆と一緒にできました。しかし，2・3回目は，参加はしているものの，ほとんど先生の指示を聞きません。ホール内を皆と逆に走りまわったり，先生が「止まって」というと走り出したり，ママから逃げたり，勝手気ままに自分の好きな歌を大声で歌うなど，かなり目立っていました。集団での活動が，1時間のうち10分でもいいのでできると良いのですが…。ママではなく，先生や補助のお姉さんがパートナーになってくれると，かえってできたりもします。甘えがあるようです。

　Rは，他の子どもが数人いると，その場には入ることができず，公園でも母親の手を離せない性質の持ち主なので，母親には，この親子リトミック教室に参加することは集団あそびの経験をさせたい，という意識がある。一方で，普段と同様に母親から離れられず参加できないのでは，という覚悟もしている。それに対し，Rはまさに反抗期らしい態度で自己表現している。教室に参加すること自体は毎回楽しみにしているが，会場のホールに入ると興奮気味に走りまわり，真面目にやろうとはしないことがほとんどである。参加者の中に良く知っている友だちが1人いたことも安心感につながったのか，Rの態度に拍車をかけたようである。しかし，この記録の中で母親以外のおとながRの相手をするときは反発が少なく，やはり相手を見ながら反抗という自己表現をコントロールしていることがわかる。反抗期の子どもは，緊張感がより少ない状況で，その態度の本領を発揮すると考えられる。

（3）自立の進行と反抗（3歳0か月～3歳8か月）

　Rの語彙数，文章力がつき，"流れるような"会話ができるようになっている。食事，排泄，着替えなどの生活習慣面は，ほとんど自分の力でこなすことができ，あそびの面では，親の手を借りずに，自分の好きなことに熱中して取り組む姿も多くなっている。3歳前半のRは，お絵かきや，ブロックあそび，絵本が好きで，創作あそびがよく見られる。また，雨の日以外は外あそびをする時間がほぼ毎日あり，外では散歩，砂あそび，乗り物あそび，ごっこあそびがよく見られる。あらゆる面で，急速に自立が進んでいる時期である。

記録8　3歳2か月（母の記録）

〈ママの誘いはお断り〉
　これは自己主張でしょうか？それとも，反抗？とにかく，NOの返事ばかりです。
～その1～
　母：「おそと行こうか？」
　R：「ボク，行きたくないんだ。今，これで遊んでいるから（お絵かきボード）」
　母：「そしたら，R君お家で1人になっちゃうよ。1人でお留守番できる？」
　R：「いいよー」
　母：「じゃあね」（部屋を出て，玄関の方へ）
　R：「ビャー（泣きべそ声），やっぱりできないよー。ボクも行くってばあ」
～その2～
　母：「Rくん，ごはんできたよ」
　R：「あーとーで」（黙々と1人あそび）
　母：「みんなで食べててもいい？」
　R：「いいよ」
　このあと，何度か声を掛けるが，なかなか食卓へ来ず，15分くらいした後，あそびに区切りがついたらしくやっと来て，1人で食べ出しました。でも，他のみんなはほとんど食べ終わっていて，R君自身も，あまり箸が進みません。結局，せかされたり，励まされながらようやく食べ終わりました。やっぱり，食事はみんなで一緒に食べる方が，楽しいしいっぱい食べられるようです。Rの「あーとーで」に本気で付き合わない方がいいようすです。

Rが自分のあそびに熱中しているときや，テレビを見ているときなど，自分の行動を中断されたくないときは，「あーとーで」が，頻繁に出てきている。慌てる必要がないときは，母親は「そしたら，○○が終わったらおいで」などと言うことができるが，時間の制約があったり外出したいときなどは，どうしてもせかしたり，わざとRが嫌がる言動を取って，慌てさせたりしてしまっている。Rは，あまり我が強い性質ではないので，頑固に意地を張ることはあまりない。まだまだ，親の方に生活の主導権があることがわかる。

記録 9　3歳3か月（母の記録）

〈託児所はイヤ〉

　もともと，お家でママと遊ぶのが一番好き！と，はっきり言っていたRですが，朝，Y○○（託児所）へ行きたがらず，へらず口ばかり言っています。最近では，朝起きて開口一番「今日，Y○○行きたくないの！」「イヤ，ママとがいいー」などと，ぐずることが多く，Rに対して，可哀想になったり申し訳なかったり。でも，いざY○○に行くと，誰よりもはつらつと遊んでいるようなので，何を信じればよいのやら，混乱してしまいます。

　母親の仕事の関係で，それまで週2・3回だった託児所通いが，2か月間，毎日利用となっている。弟のNが，スムーズに登所できるのに対し，兄のRの方が，別れ際に嫌がって泣いたり抱っこを請求してくることが多い。しかし，母親が居なくなると，他の子や保育士とかなり活発に遊んでいる，と保育士から報告を受けている。Rは託児所内では最年長児になっているので，あそびの主導権はRがもっている。それなりに楽しんでいるはずだが，母親の前では行きたくない，ということばかり言っている。どちらもRの本心だろうと，母親は感じている。朝の別れ際に，しっかり抱っこしてあげること，帰宅後，託児所でのあそびやNのようすをRに聞くなど，スキンシップと会話を多くすることを，強く心掛けている。

記録 10　3歳6か月（母の記録）

〈ばっかり食べ〉

　R君は，何かとへりくつを重ねて，ママに対抗しています。

　R君の食事は，好きなものなら本当にすごい勢いで食べるのですが，野菜（特に葉っぱ類）が目につくと，とたんにペースダウンします。白飯は以前から好きなので，ご飯や肉類の'ばっかり食べ'になってしまいます。ママが注意すると，こんなやりとりになることが多いです。

　　母：「R君，ご飯ばっかり食べないで，おかずも食べようね。かわりばんこよ」
　　R：「今，ご飯の順番！」（ご飯ばかり食べている）
　　母：「だって，もう3回もご飯の番になっているよ」
　　R：「こっちとこっちと，じゅんばんこなの！」
　　　　（茶碗の中で，場所を変えて箸で指し示す）
　　母：「ご飯と，お肉と，サラダと，順番にしようよ」
　　R：「だって，さっき，食べたもーん」

　Rは自分が嫌なことを，どうやって回避しようかと，常々考えているような言動である。母親としては，食事については最終的には残さず食べてもらうことが目標なので，特に強く指示しているわけではないが，嫌いなものが残ると食べづらいのでは，と思い，このような会話になっている。また，2か月後に保育園への就園を控えていることから，より良い生活習慣を今のうちにつけたい，との思いがある。

図5-5　反抗期のRの姿③
（3歳5か月）
親の注意に対し，わざと顔を汚しながらヨーグルトを食べる

> *記録 11*　3歳7か月（母の記録）
>
> 〈ピアノレッスン開始〉
> 　R君は，歌やリズムあそびが好きだったので，ママはかねてからピアノのレッスンを始める時期をうかがっていましたが，3歳半を過ぎて，いよいよ先生が家に毎週1回来て下さることになりました。でも，初めは，何と反抗的なR君でしょう！
> 　先生が来ると，まず逃げます。
> 　R　：「今日は，やりたくないんだ」
> 　先生：「少しだけ，やってみようよ」
> 　R　：「ボク，もうねむたい」
> 　先生：「ねむたいの？　じゃあ，これだけね」（楽譜を指す）
> 　R　：はじめ，右手の親指で正しくドの音を弾く。…かと思うと，
> 　　　　「ボクは，こうやるんだ！」（手のひらを裏返して親指の爪で弾く）
> 　せっかく先生が来て下さっているのに，情けないやら，恥ずかしいやら，申し訳ないやら…。でも，この後，2〜3回レッスンを重ねていたら，できたら花マルをもらえたり，とても誉められたり，大好きなディズニーシリーズのワークブックが出てきたりしたので，徐々にみずから率先してピアノに向かうようになって，一安心です。励まして，誉めると伸びていく，まさにピグマリオン効果でしょうか？

　ここまではっきりと反抗的な態度を初対面の人に見せることは初めてで，母親はかなり驚いている。ピアノの先生も"レッスン"という経験も初めてだったが，自宅という，Rのテリトリーで，なおかつ母親も弟もその場にいる環境だったため，このような態度が現れた，と考えられる。また，先生が女性で，Rのことばや行動に優しく受けこたえてくれたため，Rは自我を出しても大丈夫だと判断したようである。母親としては，Rが性質的に集団や新しいでき事や環境が苦手なので，何か新しいことを始める環境として，自宅でする，というスタイルを選んだが，予想以上のRの一筋縄ではいかないようすに，かなりとまどっている。

> 記録12　3歳8か月（母の記録）
>
> 〈トイレは誰のもの？〉
> 　この頃，弟のN君がトイレやおまるにご執心です。R君は，自分のトイレタイムにN君がくっついてくるのが，楽しいときと嫌がるときと，時によっていろいろです。この時の場合，N君が「チー」と言ってズボンの裾をたぐりあげて，トイレへ自分で行こうとすると，R君はおもしろくないらしく，R君自身がトイレに今行きたいわけではないのに，N君とママの後についてきて，
> 　R：「ダメ，トイレはダメなんだ!!」
> 　母：「どうして？」
> 　R：「だって，トイレはボクのなんだから！」
> 　　（N君は，Rに構わず便座に座ろうとするので，ママはそれを補助する）
> 　母：「トイレはみんなのっ！N君だって使うの！」
> 　　（この日は，R君はよくグズって，ママも疲れ気味。）
> 　R：いきなり，ママの背中をたたく。
> 　母：無言で睨む。
> 　R：「ふーん」と言って，居間へ逃げていく。
> 　ママは，たたかれたとき，思わずたたき返そうかと思いましたが，必死でこらえました。ママも自分の気を静めてから，居間に戻り，R君の気持ちを受け止めようと気をつけながらトイレの使い方の説明をしました。R君は，「じゃあ，こんどは気をつける」と，「だって，ダメなんだもん」を繰り返していました。どうも納得していないようです。この日のR君は，体調が悪いらしく，グズることも多いし，N君にもよくあたるし，ママへの口ごたえも多くて，一日中，家の中は泣き声，大声で殺伐としていました。

　弟のNが，何でもRと同じことをしたがり，Rとしてはあそび相手として楽しいときと，邪魔に思ったりテリトリーを侵害されて不愉快だったりしているようである。また，この日は風邪気味で体調不良だったことから，普段よりもぐずりやすくなっている。Nは，まったく構わずマイペースで自分のしたいことをするので，Rの気持ちを逆なですることが多く，Rによく泣かされ，母親もいざこざの1つ1つに対応することに疲れ，いら立っている。反抗的な態度や子どもの身勝手な自己主張は，気分や体調によっても現れ方が大きく違ってくることがわかる。

3．記録から，第一反抗期を追う　117

記録13　3歳8か月（母の記録）

〈反抗期版「チューリップ」〉
　さすが，'THE　反抗期'のR君。得意の歌も，しっかり反抗期songになっています。
'チューリップ'のうた
　♪　さかなーい　さかなーい　チューリップのはーなじゃない
　　　ならばなーい　ならばなーい　あお　あか　ピンク
　　　どのはな　みても　きれいじゃなーい！
　ほかにも，正しく歌える歌を，ラリルレロを駆使して英語風に歌ってみたり，まったく意味不明のことばにして歌うので，ママが一緒に正しく歌おうとすると，「ちがうってば！　ラールイローだよっ！」などと，さらに反発してきます。しばらく放っておくしかないのでしょうか。

　歌に限らず，造語も盛んで，「ガーヴィって知ってる？」と聞いてきて，母親に知らない，と答えられることが，嬉しいようすである。替え歌や造語などで，自分だけがわかっている（知っている）事態に，得意の気持ちが満たされている。そして，母親が修正しようとすると，笑ってふざけて反発するこれら

図5-6　反抗期のRの姿④
（3歳0か月）
わざと顔を背け，カメラを見ない

図5-7　反抗期のRの姿⑤
（3歳8か月）
「Rくーん，こっち向いて」という声に対し，耳をふさいで「ボク，聞こえないんだ」と言ってカメラを見ない

の姿は，はっきりとした自我があり，それをR自身の方法で，自己表現している'3歳児らしい'健康的な姿，と言えるのではないだろうか。

（4）まとめ

Rの1歳10か月から3歳8か月までの，1年10か月分の記録から，反抗期の子どもの姿とそれにかかわるおとなの姿を追ってきた。最初の段階では，特別個性の強い反抗の姿ではなかったが，まず弟の誕生によって，Rには自我を強く現す必要性が生じ，R独自の反抗のスタイルが生まれた。そして，育ちの中で反抗の姿も複雑化し，ことばによるもの，行動によるものなどが，自己と他者の状況によってさまざまな形で現れてきた。このことから，「反抗」という言動が，人との相互交渉手段のひとつで，社会性の発達の一段階であることが確認できる。

4．おわりに

前述した通り，日本では子育ての中で「第一反抗期」は大きなトピックスの1つであるが，なぜ「反抗」するのか，という理論説明はあっても，反抗の事例やその状況のとらえ方などの，話題提供にとどまることが多い。一方，アメリカでは一般的に反抗はどのように扱われているであろうか。アメリカでの育児経験をもつ母親への，子どもの反抗に関するインタビューによると，アメリカという国ににはさまざまな人や文化が存在し，そこにある子育て論も多種多様ではあるが，一般的には3歳以前のしつけはかなり厳しく，真剣に取り組んでいるのではないか，という。反抗に関するしつけでは，まず，自分より年上の人に対する敬意と，家庭内での子ども自身の立場の認識について，重点的にとらえる。その母親も，それを基盤にしつけをし，例えば，子どもの「いや」については，いかに感情的にならずに確固たる態度で応じる（徹底的に教える）かがキーポイントであった，と話している。生活習慣やマナーに関することは，どんな年齢でも同様で，子ども中心のルールというものは置かないで生活

する（または厳しくしつける）と，2歳頃には「叱る―叱られる」意味を習得するので，ストレスを感じるような「反抗期」にはならなかったという。

　私たちが，日本の子育て文化の中で子どもの反抗について考えるとき，「反抗期」ととらえる時期だけではなく，むしろそれ以前の時期の親子関係やしつけから見直す必要があるように思う。子どもの個性が反抗の態度を左右するのはもちろんだが，0歳からの生活の仕方によって，反抗の表れ方，そして親の反抗への認識も変容する可能性があり，それが「反抗期を乗り切る」のではなく，「反抗期を有意義に過ごす」子育てへのひとつの指標になるのではないだろうか。親子が生活をしていくと，さまざまなでき事が巡ってくるが，「第一反抗期」が親子の自分たち自身の関係を見つめるひとつの大きな契機となることは，いうまでもない。これをおとなはしっかりと受け止め，試行錯誤の中で悩み，そして楽しみながら過ごしたいものである。

〔引用文献〕

1) 山口茂嘉「第一反抗期」，森上史朗・大場幸夫・秋山和夫・高野　陽(編)：最新保育用語辞典，ミネルヴァ書房（1989），p.225
2) 石田勢津子「自己認識の育ち」，岩田純一・佐々木正人・落合幸子(共著)：ベーシック現代心理学3　児童の心理学，有斐閣（1995），pp.140-141
3) 山田紀代美「乳幼児期の心身の発達」，CHS子育て文化研究所(編)：養成校と保育室をつなぐ理論と実践―見る・考える・創りだす乳児保育，萌文書林（1999），p.74
4) 平田慶子「反抗について」，滝沢武久・柴田義松(編)：子どもが自立する時／I 第一反抗期のころ，誠信書房（1964），pp.25-50
5) B. L. ホワイト(著)，吉岡晶子(訳)：決定版ホワイト博士の育児書，くもん出版（1997），pp.219-221，256-257，334-335，360-361
6) 氏家達夫「自己主張の発達と母親の態度」，二宮克美・繁多　進(執筆代表)：たくましい社会性を育てる，有斐閣選書（1995），pp.51-66

〔参考文献〕

・後藤宗道(編)：子どもに学ぶ発達心理学，樹村房（1998）
・心理科学研究会：育ちあう乳幼児心理学―21世紀に保育実践とともに歩む，有斐閣（2000）

- 神田英雄：0歳から3歳　保育・子育てと発達研究をむすぶ〈乳児編〉，全国保育団体連絡会（1997）
- 入江礼子(編著)：乳児保育の探究，相川書房（2002）
- 田中昌人・田中杉恵：子どもの発達と診断3　幼児期Ⅰ，大月書店（1984）
- ニューズウィーク日本版　0歳からの教育＆4歳からの学習，TBSブリタニカ（1998）
- プチタンファン 2002年4月号，22(2)，婦人生活社（2002）

第6章 新しい乳幼児保育のあり方としての家庭的保育の提言

1. はじめに

　一般に，子どもの問題行動に対しては，「親の顔が見てみたい」という声がささやかれることが多い。子どもに関する責任をすべて親に課そうとする「私物的我が子観」[1]である。特に，高度経済成長期以降，地域における人間関係の希薄化とともに，「私物的我が子観」が浸透し，他人の子どもに対する関心が薄れ，子どもたちが問題ある行動を取った際，その責任のすべてを親や教育機関に課す傾向が強くなってきているように思われる。

　少年による凶悪犯罪が社会問題となっている現在，子どもに対する責任を親や教育機関のみに課しても限界がある。病院の待合室で走りまわる子どもを親でないおとなが注意をする映像が，「おとなを逃げるな」というキャッチフレーズとともに放映され，子どもを注意すべきときには，親ではなくても勇気をもって注意すべきであるという主張がなされている。この広告には，「子どもを育てるのは，社会である」という「社会的我が子観」[1]が反映されている。

　一方，子育てと仕事の両立に悩む母親に対しては，「こんなに小さい子どもを保育所に預けるなんてかわいそう」「子どもと仕事とどちらが重要か」といった批判的な声が根強い。その背景には「3歳までの子どもには母親による温かい愛情が絶対不可欠である」とか「母性は女性の本能である」といった「3歳児神話」や「母性愛神話」[2]が存在する。特に，乳児保育や病児・病後児保育に対しては，子どもへの同情が強くなり，母親に対する批判が強まるように

思われる。このような場合，「子どもは社会で育てるべきだ」という意見はほとんど聞かれない。向けられるのは，「私物的我が子観」と「3歳児神話」「母性愛神話」などによる母親への抗議の視線なのである。

　もともと保育所は，「保育に欠ける」子どものための施設であることが児童福祉法で規定されている。この場合，欠けている保育とは家庭養育を指す。いわば，乳幼児は家庭で養育されることが一番望ましいという考え方の上に作られたのが従来の児童福祉法であった。

　また，同法では，「付近に保育所がないなどやむを得ない事由があるときは，その他の適切な保護をしなければならない」と保育所入所が不可能な場合について言及している。この「その他の適切な保護」には，認可外保育施設が該当する。認可外保育施設には，へき地保育所・季節保育所・東京都の保育室（東京都保育室制度により運営されている保育室など）や認証保育所・横浜市の横浜保育室などとともに，「保育ママ」と呼ばれている家庭的保育が含まれる。これらの認可外保育施設は，家庭養育の補完としての保育所の補完的機能を担う保育施設といえる。認可外保育施設は，1960年代，産休明け保育の現実的な必要性から共同保育所として生まれている。認可保育所対象外の保育を，あえて認可外の形で行ってきており，乳児保育は認可外保育施設や私立保育園が担ってきているという経緯がある。

　児童福祉法制定（1947年）当時の家庭における子育て機能はさておき，現代家庭の状況は，児童福祉法で言われるように子育てにとって最善の状況なのであろうか。高度経済成長期以降の核家族化の進行，夫婦共働き世帯の増加に加え，最近では育児ノイローゼや児童虐待などが社会問題化し，一概に，保育所をはじめとするさまざまな保育施設よりも家庭で子育てをする方が望ましいとは考えにくい。

　家庭における子育て機能の低下は，少子化と連動しつつ，家庭が最善という考えの上に制度化された保育制度全体に影響を与えている。エンゼルプラン以来，認可保育所は，就労する親のためだけのものではなく，育児相談や，園開放・園庭開放といった専業母親の子育て支援機能をも担うことになった。従

来，保育の場として最善であるとされてきた家庭の足りない部分を保育所が補うといった補完機能だけでは済まされなくなった。

家庭養育を最善とする補完関係が事実上崩れている中では，保育所を補完する存在とされてきた認可外保育施設，とりわけ家庭養育と近似した保育環境をもつ家庭型保育においても保育機能の見直しが必要なのではないかと考えられる。家庭型保育には，子どもの自宅で保育を行うベビーシッター，保育者の自宅で保育を行う公設の家庭的保育，民間団体によるNPO方式の家庭保育，ファミリーサポートセンターによるものなどがある。本章では，公設の家庭的保育と民間団体エスクによる家庭保育を比較することにより，両家庭型保育に見られる乳児保育観を明らかにし，「私物的我が子観」にとらわれず，「社会的我が子観」を基盤とする新しい家庭型保育のあり方について検討する。

2．家庭型保育制度

（1）家庭型保育とは

家庭型保育は，保育者の自宅などで保育を行う形態の保育を指すが，他に「在宅保育」などという呼び名もある。そこには，ベビーシッターやファミリーサポートセンター，そして家庭的保育などが含まれる。

制度としてもっとも新しい家庭型保育は，東京都の認証保育所（B型）である。これは，2001年，東京都が認可外保育施設に一定の基準を設け，その基準に達している施設を認証保育所と位置づけ，助成する制度であり，企業が運営する駅型保育を代表とするA型と，個人が運営する家庭型保育に似たB型がある。東京都はその目的を「大都市におけるニーズにこたえることができる。企業の経営感覚を発揮して多様化した保育ニーズにこたえうる。」としている。これに加えて，「東京から新しい保育に変えていきます！」と従来の保育行政に対抗する姿勢を示しているが，本来国が責任をもたなければならない保育所保育について，施設数や機能が足りないからと認可外の枠組みで対応し

ようとするのは問題とする意見もある。しかし，開始されてからまだ1年足らずの制度であるため，今後の動向に注目するにとどめる。

　本章の対象は，地方自治体が運営する「家庭的保育」である。福川はこの制度について「『家庭的保育制度』は家庭福祉員（東京都，名古屋市，長野市，水戸市），家庭保育福祉員（横浜市，神奈川県，福山市），昼間里親（京都市），家庭保育所（豊中市，西宮市，茨木市），赤ちゃんホーム（神戸市，下関市）など，保育所などの施設型の集団保育とは異なり，保育者の自宅などで少人数の乳幼児を保育する『家庭的な』保育形態を総称しようとする言葉であり，『家庭的』にはそのような意味が込められている。また，地方公共団体の助成事業として，条例，規制，要綱などが存在するものを『家庭的保育制度』と呼んできた。」と定義づけている[3]。また，「欧米では，施設型の集団保育は主として3歳以上児を対象としており，低年齢児には少人数で家庭的環境の保育としていわゆるファミリーデイケアが広く普及している。イギリスのチャイルドマインダー，フランスのアシスタント・マテルネルなど国により名称も異なり，自営業あり，自治体や民間組織の雇用者ありと職業的地位もさまざま，許可や登録制度も多様である。」と述べている[4]。

　家庭的保育制度は，地方自治体によるもの以外に国によるものも存在する。1999年に少子化対策臨時特例交付金の対象事業の中に家庭的保育事業があげられ，2000年3月に新エンゼルプランに沿った保育対策が示され，家庭的保育事業を国として創設することが明らかになった。しかし，この制度は地方自治体が行っている制度をそのまま踏襲していることに加え，保育所が家庭的保育の保育者や保護者にあっせんを行い，保育者の相談・指導・研修を行うなど，保育所の補完としての位置づけが強いものになっている。また，この制度を開設した地方自治体は2001年度で6市のみであり，制度の運営が軌道に乗るまでには至っていない。本章では，従来の地方自治体運営による制度を扱うこととした。

　地方自治体運営による家庭的保育制度内容は，自治体ごとにばらつきを見せ，一律ではない。その一例として，いくつかの地方自治体ごとの家庭的保育

表6-1 家庭的保育に求められる資格

	保育士	助産婦	保健師	看護師	教　員	その他の資格者	その他養育経験等の条件
A区	○	○	○	○	○		
B市	○	○	○	○		養護教諭・幼稚園教諭	
C市	○			○			
D市	○	○	○	○			または乳幼児を養育した経験のある者
E市	○	○	○	○	○	これらに相当する学歴を有する者	その他児童の養育に経験を有する者
F区	○	○	○・保育士	○・看護師	○	医師	児童養育の経験を有すること
G都	○	○	○	○	○		かつ，保育経験を有すること
H区	○	○	○	○	○		かつ，保育経験を有すること
I市	○	○	○	○	幼稚園教諭		かつ，乳幼児の養育の経験がある者
J市	○	○	○	○	○		かつ，保育経験を有すること
K区	○	○	○	○	○		かつ，保育経験を有する者
L町							乳幼児の養育に必要な知識，技能および経験を有していること
O市							児童の養育に熱意と愛情を有し，かつ，必要な知識および経験等を有する者
M市							
N市							

(星　順了「さまざまな場での乳児保育」，入江礼子(編)：乳児保育の探求，相川書房，2002, p.70)

保育者に求められる資格の比較表（表 6-1）をあげる。表中, 複数の資格に〇印や限定される資格名が記載されている場合は, それらの内のいずれかの資格が求められている。

　A 区～C 市については, 資格を有していれば養育経験については問われない。D 市・E 市では資格か養育経験のどちらかが求められており, F 区～K 区においては資格と一緒に養育経験が求められている。L 町～O 市では, 資格については何も問われず, 養育経験のみ, M 市・N 市では資格も養育経験も問われていない。保育所の保育者の資格要件が一律に保育士資格を要件としていることと対照的である。

　このように, 地方自治体による家庭的保育制度は, 資格要件だけに絞ってもばらつきが大きいが, 本章ではその代表として登録している保育者数が多く（2002 年 4 月 1 日現在, 41 名）, 総受託児数も多い（2002 年 4 月 1 日現在, 120 名）横浜市について考察する。

　一方, 家庭型保育を行っている民間団体も多い。民間による保育は, ファミリーサポートセンターから企業による保育室やベビーシッターなど多岐にわたり, それらの多くが認可外保育施設としてとらえられるため, 全体の動向を把握することは非常に困難である。本章では, 公設の家庭的保育同様, 保育者の自宅における保育をサービスの中に設け, 30 年にわたり母親による有償ボランティアという形で非営利活動を続け, 子育てを中核として母親たちの地域のネットワーク作りを行ってきているという意味で,「エスク」を民間団体による家庭型保育の代表とする。

　家庭型保育の名称に関しては,「家庭的保育」「家庭保育」「在宅保育」などさまざまなものが存在する。本章では便宜上,「保育ママ」などの公営系のものとエスクなど NPO 方式によるものの保育を総称して「家庭型保育」とし, 公設のものを「家庭的保育」, 民間団体のものを「家庭保育」として区別する。また, 子どもの親が自宅で子育てをする（保育する）場合を「家庭養育」と呼ぶ。

(2) 制度の歴史的経緯

1) 家庭的保育

家庭的保育は，発足当時「昼間里親制度」であった。1942年，児童福祉法第24条の但し書きにより，整備の遅れている保育所に代わって昼間里親制度を設け，保育所不足の緩和策としたのである。これは，1948年の厚生省事務次官通知の『家庭養育運営要綱』の中にすでに言及されている。しかし，この制度は，普及しなかった。池川によると，当時アメリカでの名称 foster day care, foster home day care などを直訳したもので，そのために一般の里親制度と誤解されてしまったとしている[5]。国による昼間里親制度は普及しないまま，1987年に廃止されている。

1950年代，相変わらず続く保育所不足対策として，各自治体は独自に条例・規制・要綱などで条件を規定し，家庭的保育制度を開始させている。1950年代には京都市，1958年には大阪市，1960年には東京都・神奈川県・横浜市・神戸市と続き，主に大都市とその周辺部を中心に制度は広がっていった（図6-1）。

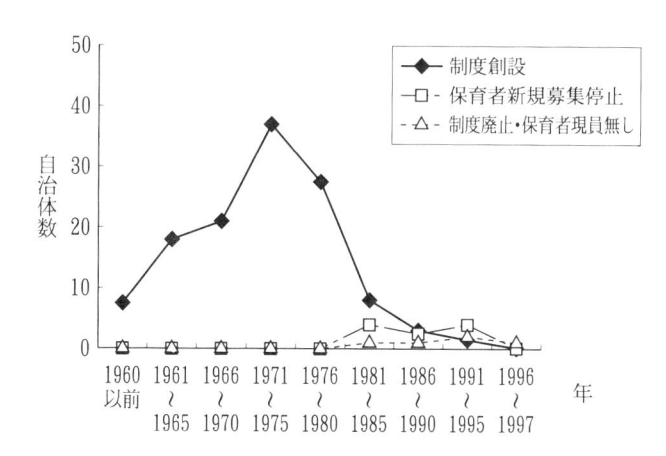

図6-1 家庭的保育制度の推移

（上村康子・福川須美「家庭的保育制度の全国実態調査報告(上)—1992年，1998年調査から」，保育情報，262，全国保育団体連絡会，1998，p.23のデータより作成）

1950年代後半から1960年代前半にかけては、母性愛神話を内的根拠とする夫婦の性別役割分業に生活の形態が移行していった時期であった。その一方、経済的理由で働かざるを得ない母親や、戦後民主主義教育の成果として働きたい母親も増加し、「ポストの数ほど保育所を」と保育所増設運動が盛んになった[6]。家庭的保育は、母性愛神話である「母性は女性の本能」という立場に立つことにより、無資格者が保育を行うことについての根拠をもつことになる。また、保育の場が家庭であることにより、受託児数も限定され、より家庭養育に近似した状況で保育を行うことができる。それに加えて、施設を建設する必要がないため、保育所を増設するよりも安価に低年齢児保育や緊急一時保育などの多様な保育ニーズにこたえうるという特性を有している。

1960年代後半から1970年代前半にかけては、ソ連の集団保育や発達理論の影響で、「3歳までは母の手で」とする考えと集団保育の積極的面を追求する研究が増え、両者の関係はきっこうしていた。

また、オイルショックや「国連女性の10年（1975～1984年）」の影響で、就労母親が増加し、家庭的保育も1970年代半ばには最盛期を迎えた。

1970年代後半から、徐々に保育所の定員割れが出はじめた。1980年代に入ると保育需要は満たされたとして、保育所の新設が抑制され、統廃合なども行われるようになった。それに伴い、家庭的保育についても制度の新設が抑制され、保育者の募集停止などが行われるようになり、1990年代初頭には、全国で120の自治体に残るのみとなった。

1991年には、東京都児童福祉審議会が、家庭福祉員制度の将来的な存続を「望ましくない」とする評価を明らかにした。これを受けて、保護者たちは制度の存続を求める嘆願を都議会に提出した。また、それまで孤立しがちであったそれぞれの地域の保育者たちも「全国家庭的保育ネットワーク」を1992年に結成し、仲間との連携を図りながら存続運動を展開した。これらの運動が自治体を動かし、制度の再開に向けての動きが起こっていった。

一方1989年、全国の合計特殊出生率は丙午（ひのえうま）であった1966年を下回り1.57となった。これは、「1.57ショック」として少子化への社会的関心が高まる契

機となった。厚生省は，少子化に歯止めをかけるべく，1994年に「子育て支援のための総合計画（エンゼルプラン）」を発表し，3歳未満児の受け入れ枠の拡大，延長保育所の増加，駅型保育への助成を核とする「緊急保育対策5か年事業」を打ち出した。少子化の進行は高齢者の社会保障問題と密接に絡みながら，また，就労母親の増加は長引く不況による経済問題と関連しながら，保育政策の基調を「保育所抑制論」から「保育所必要論」に変更することを余儀なくしたのである。

　1998年度厚生白書では，「『母性』の過剰な強調が，母親に子育ての過剰な責任を負わせた」として，母性神話や3歳児神話を否定している。また，少子化の一因を「男は仕事，女は家庭」という性別役割分担にあるとし，子育てへの父親の積極的な参画を提言している。

　1999年，「重点的に推進すべき少子化対策の具体的実施計画（新エンゼルプラン）」が策定された。その中で家庭的保育は入所待機児対策の応急的暫定策と位置づけられている。これにより，現在地方自治体が独自に行っている制度とは別に，国による家庭的保育制度が開始されることになった。

　一方，全国の合計特殊出生率は，エンゼルプラン以来の子育て支援策にもかからわず増える兆しが見られない。2001年には，戦後最低の1.33になっている。2002年9月に厚生労働省は「少子化対策プラスワン」と呼ばれる対策案を打ち出した。これにより，育児休業取得率の目標値を子どものいる男性10％，女性80％（1999年度の取得率は，30人以上の企業で，男性0.55％，女性57.9％）に設定している。大日向は，この対策案の発表に際し，少子化の原因は，高度成長期の産業構造の変化と都市化にあるとされてきたが，実は高度成長を支えるために推進してきた性別役割分業にあると述べている[7]。

　母性愛神話を基盤とする性別役割分業は，依然として強い影響力を保持しているが，家庭は子どもの育つ場として最善ではなくなっているのかもしれない。育児ノイローゼや小児虐待は社会問題化し，保育所の機能は保育に欠ける事例を補完することにとどまらず，就労していない母親の子育ての支援事業をも担うことになった。従来，家庭的保育は保育所の補完的存在として位置づけ

られてきたが，家庭の養育機能の低下により，その機能も変化していかざるを得ないのではないかと考えられる。

近藤は，家庭養育と施設における集団保育は，質が異なるとする「異質論」を示した（図6-2）。従来，家庭養育の欠損部分を埋めることが保育所保育の機能であるとする考え方を「同質論」とし，それに対し，両者の保育はそれぞれ質の違った効果があり，両者の充実が完全な保育をもたらすという。同質論に立てば，施設による集団保育はあくまで家庭の補完であるため，家庭養育が可能になった場合には保育所が不要になる。そして，異質論に基づけば，家庭養育が可能・不可能にかかわらず，またその質の善し悪しにかかわらず，保育所は家庭養育と別の機能を有するために，その存在は続いていくという。

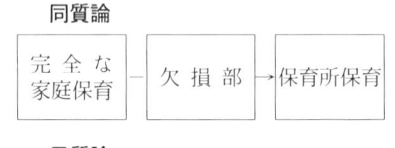

図6-2 同質論・異質論
（近藤薫樹：新版　集団保育とこころの発達，新日本出版，1978，pp.37-44）

家庭的保育は，家庭の補完である保育所の補完的存在であるため，同質論を基盤に成立している保育行政の中では，もっとも廃止されやすい位置に置かれていると考えることができる。そのため，1980年代と，1991年の2度にわたり，制度存続の危機に立たされている。しかし，行政的な措置にかかわらず，家庭的保育の必要性を求める保護者により，現在も存続している。

行政は，同質論の立場をとっているにもかかわらず，現場では，この制度の存続が求められている。この現状における問題を考察するためには，異質論的立場をとる必要がある。すなわち，家庭的保育は，家庭養育や保育所保育とは異なる独自の保育内容を構築し，その特質をより際立たせていくことが今後必要であると考える。

2）家庭保育

『エスク』は，名木純子が1973年に創設した会員制の非営利組織で，正式名称を Eos Social Service Club という[8]。

名木は，当時首都圏に誕生したベビーホテルに「親の都合で荷物のように預けられる」子どもたちに疑問をもち，子どもや子育てに関する情報を収集していった。その結果，都市部では地域のつながりが失われており，母親たちが緊急時にはベビーホテルを頼らざるを得ない状況に追い込まれているという問題に直面した。

　そこで，子どもを核にして地域のネットワークを作ることを構想したのである。名木は，いくつかの施設を見学した後，就労などの理由で子育てに専念できない親に代わって，子育て経験のある母親が，自宅で実子同様に子育てをする「地域における母親同士の相互協力体制を作る」目的でエスクを設立した。

　当初，名木自身が自宅で子どもを預かるというものであったが，近隣に保育を開始するチラシを配布したところ，大きな反響を呼び，名木のみでは対応しきれなくなった。そこで，子どもを預かる受け入れ家庭を確保して組織化を図ることにした。その後，マスコミに取りあげられる機会も多く，現在では，35あまりの都道府県で活動を展開している。

　名木は，子どもにとっては家庭で母親に養育されることが最善であると述べている[9]。これは，一見，私物的わが子観の立場をとっているとも考えられる。しかし，名木は子どもについての責任を母親個人にのみ課すのではなく，地域の母親たちの相互扶助を重視している。子育ての責任を主に地域の母親たちに課すという意味では，限定的な「社会的我が子観」を基礎に置いていると考える。

（3）家庭型保育の制度

　公設と民間，両家庭型保育の制度を比較しておこう。家庭保育を代表するエスクには，「月極保育」と「病時保育」や「出張保育」などをはじめとするさまざまな保育サービスが存在する。ここでは，家庭的保育に近似した月極保育（保育者の自宅において，一定期間以上の定期的利用を基本とする保育）を比較の対象とする。大まかな違いを，表6-2にまとめた。

表 6-2 家庭的保育と家庭保育の概要

	公設　家庭的保育 （横浜市家庭保育福祉員制度）	民間　家庭保育 （エスク）
保育時間	日曜・国民の祝日，および12月29日から1月3日までを除いた毎日 平日　8：30 ― 16：30 土曜日　8：30 ― 12：30 時間外保育 平日　7：30 ― 19：00 土曜日　7：30 ― 15：30	保育時間は，母親の勤務時間によって個別に検討するため，特に設定してない。 保護者と保育者の条件を聞いた上で相談員が調整・決定を行う。
保育料	・認可保育園に準じ，前年の世帯所得に応じて決定される。 ・基本保育費は，被保護世帯を含めると13階層に区分され，0円から53,200円／1か月までに分けられる。 ・多子減免制度もある。	入会金として1家族16,800円，1人21,000円（月極保育の場合）をあらかじめ支払う。 ※昼間 　1週間―5日間，1日―9時間，4週間―1か月とした上で1か月79,560円 ※夜間 　1週間―5日間，1日―16時間（夕方〜翌朝），4週間―1か月とした上で1か月106,800 ※不規則定期 　4週間のうち12日利用（土日を含む）のとき，1日12時間（時間と日数増減可），4週間―1か月とした上で1か月79,560円 ・上記料金には，昼間で1食分とおやつ2回分，夜間と不規則定期で2食分の食費を含む。 ・きょうだいを同時に預ける場合の割引システムがある。
対象児の条件	・基本的に生後57日（産休明け）以降，満3歳未満 ・健康な児童 ・横浜市民	特にない。

保育者1人あたりの受託児数	・1〜6人 ・保育者により、3人定員型と6人定員型が決まっている。 ・産休明け児か育休明け児を保育する場合は、4人定員とすることができる。	特に決まっていない。 受け入れ家庭・受託児、双方の状態を把握し、調整・決定する。
食事・おやつ・ミルク	・朝食は必ず自宅で食べさせる。 ・昼食は持参。	・食事・おやつ、共に保育者が用意する。 ・粉ミルクは預ける会員が用意する。
衣類・寝具について	着替え・おやつは持参。 カバーを掛けた午睡用布団を保護者が準備する。	着替え・おむつは持参。 午睡用布団は、適宜。
障害児保育	基本的には健康な子どもが対象。	健常児の保育と同様に行われている。
病児（病後児）保育	行われていない。 特に伝染病疾患の場合は必ず休ませる。	ケースによって対応策を講ずる。
保育者の保育体制	保育者＋補助員1名	主保育者＋補佐
保育者の募集	・横浜市広報 ・各区サービス課をはじめとする問い合わせ先を通して ・各保育者を通して	必要に応じて行っている。 ホームページやマスコミ報道、また保育者からの情報を聞いた人たちによる自薦、他薦。
保育者に求められる主な条件	・市内に6か月以上継続して住所を有する年齢25歳以上満65歳以下の者。 ・保育士・助産婦・保健師・看護師・養護教諭・幼稚園教諭のいずれかの資格を有する者、又は市長が特に適当であると認めた者。 ・現に養育している学齢前の児童がいない者。	・保育者自身の人柄と家族の賛同と協力。 ・育児の実績がある。 ・健全な家族の賛同と協力が得られる。 ・実子同様に子どもの保育を行うことができる。 ・エスクの諸規定に従って活動できる。
研修会	・横浜市家庭保育福祉員としての研修会あり。	・保護者対象研修会あり。 ・保護者や保育者として入会を希望す

	・全国家庭的保育ネットワークとしての研修会あり。	る者を対象とする研修会（公開）あり。
家屋環境等の設備基準	・保育室は，原則として，通風および採光の良い1階で，3人型の場合9.9㎡以上，6人型で19.8㎡以上の床面積を有し，かつ実質的に児童の保育に使用する面積が児童1人あたり3.3㎡以上あること。 ・自宅敷地内に，児童1人あたり3.3㎡以上の屋外の遊び場，もしくは付近に，それに代わる空き地または公園があること。	・保育に適した環境であること。 ・保育者を希望する者は，あらかじめ本部相談員の家庭訪問を受け，そこで衛生管理・安全・自宅周辺の環境について確認が行われる。
保育者と保護者の仲介組織	福祉事務所 横浜市福祉局保育推進課	エスク本部相談員 各地区の支部相談員

1）家庭的保育の保育者に求められる条件

　家庭的保育の保育者に求められる条件は，それぞれの要綱などに規定されている。そこには，各自治体が年齢（25～65歳が一般的）の他に資格要件について示している。地方自治体ごとの資格要件については，表6-1に示した。大別すると

1．資格（主に保育士・助産婦・看護師・保健師・教員などを指し，おおむね，これらのうち1つ）のみを必要とするもの
2．資格，もしくは子育て経験どちらかが必要なもの
3．資格に加えて子育て経験が必要なもの
4．子育て経験のみを必要とするもの
5．資格も子育て経験も必要としないもの

の5つに分けられる[10]。

　保育所の保育者に求められる条件が保育士資格であることに比較すると，家庭的保育の保育者に求められる条件はあいまいである。家庭的保育は，保育所の待機児を対象とする補助事業として位置づけられていることから，保育所保

育士に求められるほどの厳密な資格要件はないと考えられているのだろうか。また，保育の場が家庭であり，少人数を対象とするために，そこで行われる保育に求められるものが保育の専門性にあるのか，「母性」にあるのかもあいまいになっている。

この制度は高度経済成長期に開始されている場合が多く，それ以来，保育者に求められる条件についての見直しが行われないまま運営されていることから，「女性の生殖能力はそのまま育児能力につながるとみなす」[11]とする母性愛神話や，「保育制度の創設期より一貫して，保育所を育児支援制度の中核におき，それ以外の制度が中核を占めることがなかった」[12]保育所神話が依然として根強いことをうかがい知ることができる。

現在の家庭的保育の保育者に占める有資格者の割合を見てみると，表6-3に見られるように68.5%が保育に関する何らかの資格を有している。また，有資格者の内訳については表6-4のとおり，保育士資格が73.9%，幼稚園教諭免許が57.8%である。要綱の内容にかかわらず，家庭的保育の保育者は，その業務を「母性」や育児能力ではなく，保育や教育などの専門性を生かすものであると認識していることを示している。

家庭的保育では，保育者の資格要件のみならず，その労働条件も整っていない。例えば，収入が受託児数によるため不安定であること，身分保障や有給休暇制度がほとんどないこと，交代で保育することができないために1日の労働時間が長いことなどがある。家庭的保育の保育は，制度発足当時から職業として認識されておらず，その後も大幅な見直しのないままボランティア的な位置づけが続いているのである。

先に触れた近藤による同質論では保育者の資格の筆頭に，母性が位置づけられている。一方，異質論においては，集団保育の特質をとらえ，それを具体的に実践していく専門性が重視されている。家庭養育に欠ける子どもの保育として，保育の場が家庭であるために家庭的保育は最も同質論的な位置づけに置かれやすい。また，保育者の資質の中で保育の専門性より母親・母性を重視し，非営利的に保育を行う場合，労働条件としては，ボランティア的な位置づけが

表6-3　保育サービス事業における保育従事者の資格

	総数	有資格者(保育に関する資格)	その他の資格	資格はないが育児経験はある	資格はないが所定の研修を受講	育児経験+所定の研修を受講	特に何もない	N.A
総数	1117 100.0%	596 53.4%	64 5.7%	181 16.2%	45 4.0%	187 16.7%	34 3.0%	10 0.9%
ベビーシッター	410 100.0%	228 55.6%	21 5.1%	53 12.9%	21 5.1%	70 17.1%	13 3.2%	4 1.0%
FSC提供会員	316 100.0%	100 31.6%	16 5.1%	87 27.5%	19 6.0%	77 24.4%	13 4.1%	4 1.3%
家庭的保育保育者	391 100.0%	268 68.5%	27 6.9%	41 10.5%	5 1.3%	40 10.2%	8 2.0%	2 0.5%

※FSCはファミリーサポートセンターの略
(網野武広・福川須美・栃尾　勲ほか：全国支度保育サービス実施状況等調査事業（平成11年度），全国ベビーシッター協会，1999，p.79)

表6-4　取得している資格

	総数	保育士	幼稚園教諭	小学校教諭	養護教諭	看護師	保健師	助産婦
総数	596 100.0%	448 75.2%	389 65.3%	59 9.9%	13 2.2%	20 3.4%	1 0.2%	0 0.0%
ベビーシッター	228 100.0%	174 76.3%	169 74.1%	16 7.0%	3 1.3%	7 3.1%	0 0.0%	0 0.0%
FSC提供会員	100 100.0%	76 76.0%	65 65.0%	18 18.0%	7 7.0%	6 6.0%	0 0.0%	0 0.0%
家庭的保育保育者	268 100.0%	198 73.9%	155 57.8%	25 9.3%	3 1.1%	7 2.6%	1 0.4%	0 0.0%

※FSCはファミリーサポートセンターの略　　注）数字およびパーセンテージは延べ数である
(網野武広・福川須美・栃尾　勲ほか：全国支度保育サービス実施状況等調査事業（平成11年度），全国ベビーシッター協会，1999，p.79)

妥当となる。それが，家庭のみならず保育所の補完的機能を担う位置づけであれば，職業としての位置づけによるよりも，ボランティアとしての位置づけでの方が運営上合理的であると考えることができる。

　家庭的保育を家庭と比較して，異質論的に考える場合，保育者が専門家であるということは，意味のあることと考えられる。しかし，保育所と比較した場合，保育士や幼稚園教諭以外の資格取得者も存在することを考慮すると，保育所と同等な位置づけを得ることは難しいであろう。家庭的保育の保育者の資質については，家庭の母親とも保育所保育士とも異なる，乳児の小集団の特質をとらえ，それを具体的に実践していくことができ，家庭という保育環境を活かした保育内容を構築できる独自の特性をもつ必要があるのではないかと考える。

2）家庭保育保育者に求められる条件

　エスクにおける保育者の位置づけは有償ボランティアである。エスクでは，みずからの取り組みを「地域における母親同士の相互協力体制作り」と位置づけている。そのため，保育者として登録するための要件は，保育や教育に関する何らかの資格ではなく，本人の子育て経験と家族の同意と協力，健全な家庭環境であることとしている[13]。

　自分の子どもと同じように受託児を育てることという理念は，子どもは本来自宅で母親によって養育されることが望ましいが，それが十分でない場合，自宅ときわめて近似した保育，ほとんど同質の保育で欠落部を埋めることにより保育は完全になるという，同質論の立場をとっていると考えることができる。そのため，エスクの保育者に求められる資質は，第一に母性であり，子どもの母親に代わる母性的な保育者が非営利で保育する場合には，ボランティアという立場が妥当であると考えられる。

　エスクの保育者が，自身の保育をどう意識しているかについては，1989年にエスクが行ったアンケートに示されている（図6-3）。「エスクの活動はボランティアだと思っていますか？」という質問に対し，118名の保育者のうち74名（63％）が「ボランティアとは言えない」，36名（30％）が「ボランティアだと思う」，8名（7％）が「その他」と回答している。「ボランティアとは言え

ない」回答者は"お金をもらっているから職業意識を感じる""自分の活動に対して思いあがらないために仕事として割り切る",「ボランティアだと思う」回答者は,"子どもを預かる仕事は善意や奉仕によると考えている""保育料が安いためボランティアであると考えざるを得ない"などの理由があげられている。また,「その他」の回答理由に関しては,"ボランティアであると考えてはいるが,金銭が絡んでいるのでどちらとも言えない"というものもあり,保育という責任の重さと保育料について,複雑な思いをもっていることが示されている。

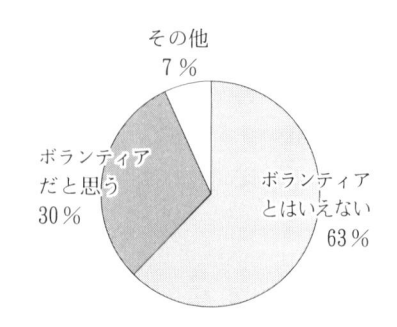

図6-3 エスクの活動はボランティアだと思っていますか？
（名木純子：エスクの家庭保育ネットワーク―日本のチャイルドマインダーたち,つげ書房新社, 1999, pp. 20-35）

　保育の中でも非常に手のかかる乳児保育,例えば乳幼児突然死症候群をはじめとするさまざまな危険性と隣り合わせに,私的な家事と同時並行的に行う難しさ,また家族の負担など,ボランティアの責任を越えている活動なのではないかという思いと,困っている母親たちに協力したいという思いが複雑に交錯していることがうかがわれる。

3）保育者と保護者の関係

　施設型集団保育における保育者から保護者へのかかわりは保育者対子どもの関係同様,個別な働きかけに加えて,対集団的な働きかけが行われる。そのようなかかわりの中で保育者や保護者の間に摩擦が生じても,双方がそれぞれの同族集団の中で気持ちを晴らしたり,緊張する相手と距離をとって付き合うなど,さまざまな回避法が存在する。また,摩擦や緊張関係が表面化しなくとも,距離の取り方やかかわり方が集団内で個々にばらつきがあるのが普通である。
　家庭的保育では,基本的に保育者1人が1名から数名の子どもの保育に当たる。横浜市の家庭的保育保育者に対する聞き取り調査[14]によると,両者の関係がうまくいった場合,非常に親近感を感じることができ,保育以外の私的な事

柄に対して支援を行うことがあると報告されている。保育者と保護者が親密になるには，受託前から親子で慣らし保育を兼ねて保育現場に「遊びに行く」機会が準備されていたり，受託期間中，子どもを迎えに行った際に保育者と会話する時間や余裕が豊富にあること，受託が終了した後も，それまでに培った関係性によっては保護者が保育現場を訪れてコミュニケーションをとることが可能であることなど，さまざまな機会がある。これは，明らかに保育所保育の中では難しいことであり，異質性を際立たせる要因である。

　しかし，両者の関係がこじれてしまった場合，１対１関係にならざるを得ず，感情的になりやすいという危険性もある。横浜市の例では，子どもが持参する弁当の内容に偏りが見られ，保育者が母親に改善を求めたが，一向に改善されず，それが母親に対する不信感を拡大し，保育者が疲れを感じていることが報告された。このような場合に，両者の仲介となる組織が存在することが望ましい。

　家庭保育エスクの場合は，本部と各地方にある支部が仲介調整機能を，さまざまな事務機能やスーパーバイジング機能とともに担っており，保育者・利用者，双方にとって心強い存在となっている。家庭的保育については，保育所行政にかかわる役所や福祉事務所が受託などに関する仲介的機能を担っており，スーパーバイジングは，保健師や役所の担当者，保育所所長などによる巡回指導によって行われている。しかし，どの組織も家庭的保育専門ではないため，その機能は限定されてしまう。家庭的保育専門の団体としては，全国家庭的保育ネットワークが存在するが，全国規模や地方規模の組織であるため，日常的な仲介調整を担うことは不可能である。

　家庭的保育では，ほとんどの場合，一般的に１人の保育者が保育から補助員の労務に関する事務までの業務すべてに責任を負わなければならない。また，保護者との関係の調整も仲介者が不在であるため，保育に支障をきたす可能性が高い。家庭的保育の課題とされる密室性や保育の質のばらつきの克服，保育者の業務負担の軽減などを考慮すると，独自の仲介的組織，または事務局の必要性を感じる。

ブルーナーは，イギリスにおける家庭的保育の保育者，チャイルド・マインダーによる保育について，専門性などの問題を克服するために3つのレベルに分かれて，チームを組んで保育をサポートする体制を提案している[15]。それは，日常の保育に当たる第1のレベル，「監督レベル」としてマインダー経験者が各マインダーを訪問し，あそびの技術や子どもとの相互交渉の方法，発達度を示す目安などについてマインダーと話し合いをする訪問マインダーとしての第2レベル，そして10〜15名の訪問マインダーが保健師，精神科医，指導心理学者，ソーシャルワーカーからサービスを受ける第3のレベルで構成される。このように3つのレベルにかかわる人々がマインディングチームを組んで子どもたちの保育に責任をもつ体制を組むことが，マインディング自体の質の向上や，マインダーがより良き職業観をもち，自分の仕事を誇るべき職業として見なすことができるような効果を生み出す。

3．家庭型保育の保育内容

（1）家庭型保育の1日

　家庭型保育では，保育内容に施設保育とは異なる特性がみられることが予想できる。本節では，筆者が横浜市の家庭的保育を訪問した際の記録と，エスクによる月極保育の保育日誌をもとに，1日の流れ，保育環境，子どもの人間関係について考察する。

記録1　横浜市家庭的保育

7月〇日
　7：15　D子（1歳8か月）がやってくる。母親の仕事の都合で，いつもより1時間以上早い。
　　　　保育者のAさんは，母親の持参したD子の朝食を食事用のいすに準備し，D子に与えた。

　　　　　　朝食を食べるとD子の目はとろんと眠たそうになった。Aさんが
　　　　　　D子を布団に寝かせると，D子はそのまま眠ってしまった。
 8：30　E男（1歳9か月）がくる。その後F子（1歳8か月）とG子
　　　　（3歳0か月）が次々とやって来て，本日のメンバーが揃った（他
　　　　の2名は風邪のため欠席）。
 9：00　補助員のBさんが出勤する。Bさんは子どもたちに「おはよう」
　　　　と声をかけ，荷物を置くと，子どもと遊びはじめた。D子は，9：
　　　　30近くに目覚めた。
 9：45　朝の集会
　　　　　　スツールを丸く並べ，こどもたちに着席を促す。「おはよう」の歌
　　　　　　を歌った後，1人ずつ呼名した。3歳児に続いてD子も元気に
　　　　　　「アー」を手をあげて答えた。
　　　　　　集会の後，子どもたちは保育者に介助してもらいながら服を脱ぎ，
　　　　　　裏庭に用意されたビニールプールに入った。プールには，水車や水
　　　　　　鉄砲，スプレー容器などのおもちゃの他に，プリン容器やペットボ
　　　　　　トル，スポンジなどを利用した手作りおもちゃも準備された。ま
　　　　　　た，D子は，転倒防止の押さえのついた，家庭で使われている風呂
　　　　　　用乳児いすに座った。子どもたちは準備されたおもちゃで遊びはじ
　　　　　　めた。
10：30　子どもたちは，プールサイドの縁台に座り，ジュースを飲んだ後，
　　　　　　再び水あそびをした。今度はシャボン玉あそびで，子どもたちは歓
　　　　　　声をあげていた。
11：05　1人ずつシャワーを浴びて室内に戻った。排泄，着替えの後，昼食
　　　　準備に入った。
11：20　2つのちゃぶ台に子どもたちの弁当が準備され，スツールが並べら
　　　　れ，子どもたちはそれぞれ自分の場所に着席した。D子は，乳児用
　　　　テーブル付きのいすに着席した。
　　　　　　子どもたちとおしゃべりをしながら，保育者は食事の介助を行って
　　　　　　いった。
　　　　　　食後は，保育者に歯を磨いてもらい，排泄，着替えとなった。
　　　　　　保育者たちは，食事から着替えまでの介助をしながら隣の和室に布
　　　　　　団を敷いた。
12：15　子どもたちは紙芝居を見た後，昼寝をした。
　　　　　　保育者は子どもたち全員が寝入るまでトントンとたたいてあげるな
　　　　　　どしながら付き添った。
　　　　　　全員が寝入ると，Bさんは帰宅し，Aさんは昼食を取る。その後は，

　　　　　　　連絡帳を書きながら，子どもたちの持ち物の整理などを行った。昼食中，保育に関する問い合わせの電話に対応することもあった。
14：30　Aさんがおやつに果物の準備をしていると，補助員のCさんが来た。子どもたちは目覚めはじめた。
14：45　乳児用英語ビデオを見ながらおやつを食べた。
15：00　おやつの終わった子どもから，和室にあるおもちゃを出して遊びはじめた。
15：30　子どもたちは，Aさん宅の前の袋小路に出て，コンビカーに乗ったり，カタカタを押したりして体を動かした。
　　　　　　　E男は，F子の乗っているコンビカーに乗りたいと，F子を追いかけはじめた。ちょうどその時，袋小路の外の道にゴミ収集車がやってきた。E男の関心は，ゴミ収集車に移った。E男とCさんは手をつないで，袋小路の外まで出てきた。他の子どもたちも彼らと手をつないで，一同はじっとゴミ収集車のようすを眺めていた。やがて，収集は終わり，一同「バイバイ」と手を振って別れた。その後，子どもたちは猫じゃらし草を見つけて，互いにくすぐったり，追いかけたりしはじめた。
　　　　　　　そのうちにE男の母親が迎えに来た。母親はしばらくE男のようすを見ながらAさんとその日のE男のようすなどを会話した。
16：30　E男が帰宅したところで，一同は室内に戻った。
　　　　　　　夏休み中のため比較的迎えの時間が早く，この後，子どもたちは三々五々帰っていった。

記録 2　エスクの保育日誌

11月○日

8：00　R男ちゃん（受託児1歳3か月）今日はよくハイハイをします。家の中が大分わかってきたのでしょうか。あちこちに行っては，「何か面白いものはないかな？」ときょろきょろして，手の届くものは触ってみて，叩いてみて，引っ張ってみて……。おもちゃよりも，お鍋としゃもじでガチャガチャしたり，洗濯機が回るのを見たり，そういうのが好きですよね。私がわざと遠くに行ってR男ちゃんを呼ぶと，一生懸命ハイハイしてきてくれます。私を見つけたときの笑顔がかわいいです。今朝は，おもちゃで遊ばずに，眠く

　　　　　なってしまいました。（8：20 おむつ替え：うんちでした）
 9：20　だっこで入眠。スーッと寝入ってしまいました。寝ながら何度か泣きました。そのつどだっこ。
11：00　お目覚め。おむつ替え（おしっこ）。その後，リンゴジュース 100 ml
11：30　近くのスーパーにお買い物。車で近くまで行った後，ベビーカーに乗り換えました。とってもご機嫌。
12：40　検温，36.6℃。昼食，五分付き米，ほうれん草と卵のみそ汁，カボチャ煮，ポテトサラダ，水 20 ml でした。
　　　　　歯磨きしました。おむつ替え（おしっこ）。ずっとご機嫌で，ケラケラよく笑います。おしゃべり，ハイハイをよくしています。
13：45　S子（保育者の実子，7歳）が帰宅し，さらにR男ちゃんご機嫌。だっこすると，のけぞって逆さまになったり，そのまま天井を見るのが好きで，何度もせがまれました。また，S子の顔が見えると笑いが止まりません。眠る寸前までケラケラ笑っていました。
14：20　お布団で笑っているうちに入眠。私とS子が眠るまで添い寝をしていました。ぐっすり寝ました。
15：45　お目覚め。起きてきたらT男君（受託児，4歳）と近所のU男君（4歳）がいて，再びご機嫌。ケラケラ笑いすぎて，ときどき咳が出ます。お兄さんたちはR男ちゃんがよく笑うので，いっそう笑わそうと歌を歌ったり，おどったり，いないいないばぁーをしたり，オルゴールを回したり……。R男ちゃん本当に嬉しそうです。
16：10　おむつ替え（おしっこ）。
　　　　　おやつ，トマトジュース 50 ml，卵ボーロでした。遊ぶのに忙しくて，おやつはあまり欲しがりませんでした。
16：20　U男君のお兄さんのV男君（10歳）が，R男ちゃんと遊びたくて来てくれました。R男ちゃんも嬉しそう。私のことなんか忘れてしまったように，お兄ちゃんたちと遊んでいます。
16：50　テレビタイム。V男君のお膝の上で見ていました。
17：00　お腹が空いたらしく，せがむのでベビー煎餅を食べさせました。
17：45　おむつ替え（おしっこ）。
今日1日，鼻水は出ていませんでした。咳はときどき出る程度でした。

（2）家庭的保育における子どもの生活について

家庭的保育と家庭保育，両者における1日の流れの異なる点は，前者が施設

型集団保育のデイリープログラムに近似しているのに対し，後者は保育者の日常家庭生活そのものであることにある。家庭的保育は，家庭養育との同質化を避け，保育所保育に同質化せざるを得ない背景があり，家庭保育は，家庭養育と同質化することがその特徴であることによる。

家庭的保育では，各自治体共通して保育所保育の補完的助成事業である。このため家庭で保育を行うとしても，1日の流れは保育所をモデルとせざるを得なかったことが考えられる。

また，家庭で他人の子どもを預かるという行為が女性では誰もがもっている母性によるもので十分とされがちな社会の認識の中で，家庭的保育に従事する保育者が保育者としてのアイデンティティを自身の保育に見いだそうとすると，1日の流れに関しては施設型集団保育を踏襲せざるを得なかったということも考えられる。保育者が家事を保育時間中に行えば，「母親が家事の片手間に子育てをする」といった認識を一般的にもたれやすく，ボランティア的位置づけをいっそう強化してしまうことにもつながりかねないからである。

家庭的保育では，個別対応の幅の広さをもちつつ，基本的に保育所保育のデイリープログラムをモデルとしている。このため，家庭的保育開始当初の子どもにとっては，家庭生活からの移行が緩やかに経験でき，また，生活リズムとしては保育所とほぼ同じ流れが習慣化されているために，保育所に移行する際にも抵抗感を低減することが可能であると考えられていた。

大場は，図6-4のように幼稚園生活を構造化して示した。その中の具体的活動の分野として，「題材による総合的経験や活動」「あそびによる総合

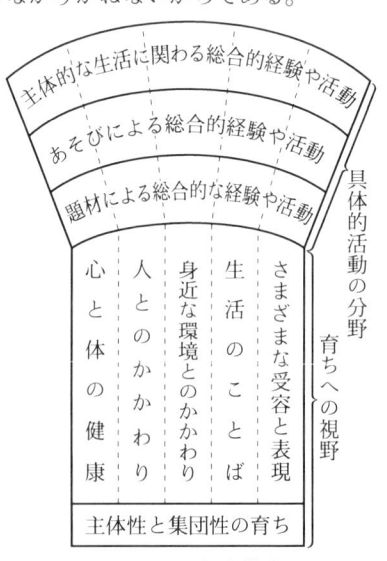

図6-4　保育構造

（大場牧夫：新版幼児の生活とカリキュラム，フレーベル館，1983，pp. 14-16）

的経験や活動」と並んで,「主体的な生活に関わる総合的経験や活動」をあげている。大場は,従来保育の中に「幼児中心」としながら「幼児を客」としてもてなす姿勢が,保育内容や方法,指導の技能の中に潜んでいると問題提起をしている。そして「幼児にとって園生活が幼児自身のものになっているか」「園生活は果たして幼児の生活になっているか」という視点の重要性を示した。この際の「幼児の生活」は,ただ毎日の保育をプログラムに沿って経験し降園することではなく,保育園などの生活の場が幼児にとって家庭以外の生活圏としての意味をもち,その生活圏での生活主体者としての意識と行動がもてるかどうかを意味する。幼児に対する「生活者」としての側面,そして,保育者を「幼児との共同生活者」とする視点を示したのである。

　大場は,「基礎的生活行動(言語や思考も含む)」という概念を示した。それは,「基本的生活習慣の自立」という「しつけ」的に考えられがちなものを否定し,既成のルールや一般的な「良い子像」を押しつけるものとも異なるとし,生活の行動の中で直接経験的に学習していく過程を尊重している。そして,園生活自体が,子どもたち自身「基礎的生活行動」を必要なものとして経験し,活動する場としての質をもち,子どもたちに働きかける機能をもつ必要性を示した。大場は,幼児の園生活について述べているが,このことは保育の場の乳児も当てはまると考える。

　家庭的保育は,保育者の生活の場が保育現場であること,多くの異質性を含む異年齢混合小集団であることなどから,保育内容の中核により豊かな「基礎的生活行動」を盛り込む上で可能性を含んでいることが考えられる。一般に,3歳未満児に対して「生活者」という言葉が馴染まない印象をもつ可能性もある。しかし,家庭的保育では異年齢混合保育が行われている。子どもたち全員が,限られた時間の中で一律に生活行動をする方法ではなく,年上児や「やりたい」といってくる子どもたちがじっくり生活行動に取り込める取り組める時間的余裕を保育に組み込むことが可能である。

　朝の荷物整理(着替えや弁当を所定の位置に収納する),衣服の着脱や排泄,食事の配膳や片づけ,昼寝のための寝具準備など,保育の中の日常的な生活行動

を保育者が処理するのではなく，できるだけ子ども自身が自分の活動として時間をかけ，ていねいに行っていく経験ができるだろう。他人の行動を模倣することによって自分の活動の幅を広げ，「見てて」を口にし，「お手伝い」をしたがる年齢の子どもたちは，一般的に自宅におけるおとなをモデルとしてごっこあそびに反映させる。「基礎的生活行動」の視点を保育に組み込むことによって，保育者やその家族の行動をもモデルとして取り込み，生活上の行動として経験することにより，より生活行動の細部を経験でき，より技能的行為が広がっていく。

　はじめは，年上児の生活行動を見ながら動機づけを強めていった年下児は，加齢とともに保育者の介助を得てできるようになり，徐々に自分１人で，また，自分なりの工夫を加えながら生活行動の幅を広げていく。それは，自分自身に関する行動のみならず，年下児への手助けであったり，保育者への「お手伝い」であったりもする。年齢が異なり，人数が少ないことは，多様な行動のモデルが存在すること，個人差が大きいこと，ゆっくりと時間をかけて活動することが可能であることから，家庭的保育の独自性につながるのではないかと考えられる。

　また，「基礎的生活行動」については，エリクソンの発達課題に関する視点がある。エリクソンは，２～４歳児の発達課題のひとつとして自己制御能力をあげている。この能力は，「人の話がきちんと聞けない」「集団での活動やあそびが成り立たない」「感情をコントロールできずに『キレ』たり『ムカツク』」といった1990年代後半から社会問題化してきた子どもの現象に関係するものである。エリクソンによると自己制御能力の発達には２つの方向性があり，１つには，自分の衝動を押さえたり，修正したりしてコントロールする能力を改善するという方向，２つには環境内の課題をやり遂げたいという動機に基づいた事物やでき事を統制する能力を改善するものだという[16]。

　子どもたちは，歩行できるようになり移動が可能になると，視野が広がり，活動的になる。子どもたちは環境内にある，ものや年上児たちの行動を見ながら，自分もものを扱いたくなり（自己主張の出現），実際にものを扱う中でより

うまくやり遂げたくなったり，独自のやり方をしたいという欲求（「見ててね」の出現）が生まれる。家庭型保育では，保育現場に多様なものが存在し，モデルとなる行動を示す対象が異年齢児や保育者の家族など多様に存在する。そのような意味で，家庭的保育は日常生活技能を豊富に経験することができるという特性をもっている。1日の保育の流れを，子どもの活動と保育者の準備や片づけと分けずに，子どもと保育者の共同生活と位置づけることが家庭的保育の独自性につながると考えられる。

一方家庭保育エスクでは，当初より地域における母親の相互扶助的位置づけを標榜して設立され，あくまでも「家庭で自分の子どもを育てるのと同じように他人の子どもを育てる」ことを重視している。保育者の専門性ではなく，家庭における母親の日常的な子育てを核としている。そこで，1日の流れについても，日常の家庭生活を基本としており，保育者の個人的な家事と保育が同時並行的に行われている。子どもにとっては，家事とあそびの世界の明確な境界線はない。保育者の行っている洗濯や調理を模倣としてあそびに取り込んだり，「お手伝い」で生活上の技能を獲得することも珍しいことではない。エリクソンによれば「自己制御能力を日常生活技能の獲得により身につける」のであるから，このように日常生活に密着した保育は，低年齢幼児にとって重要であることが考えられる。

このような保育では，子どもの経験が豊かになる一方，保育者の負担が重くなることも考慮できる。母親が日常的な家事を子育てと同時並行的に行うには，その子どもが自分の子どもであるという前提の上に成り立っており，対象となる子どもが受託児である場合とでは意識のもち方が異なってくる。また，日常的な子育ての延長線上に保育を位置づけることにより，保育者は個人的な家庭生活と仕事の境界線が，家庭的保育の場合よりあいまいになる。「エスクの活動はボランティアだと思っていますか？」というアンケートに関する自由記述式の回答に現れているものは，保育者の負担感の現れであると考えられる[17]。

（3）子どもの人間関係

横浜市の家庭的保育保育者への聴き取り調査より，家庭的保育における子どもの人間関係には次のような特質が見られることが明らかになった[18]。

1）保育者と子どもの関係

受託児と保育者の関係は，「慣らし保育」から形成されていく。家庭的保育における慣らし保育は，親と子どもが保育開始前の時期に数回にわたり保育現場を訪れ，一定の時間をそこで過ごすという形をとることが多い。親とともに居ることができること，保育現場が自宅と近似していることで，子どもの緊張の高まりは軽減されると考えられている。そして，保育者と親が会話しているようすを見ながら，保育者に対する緊張感を低めることができる。子どもにとって負担の少ない慣らし保育であるということができる。

家庭的保育開始後の生後8か月の乳児と保育者の関係について，水津恵美子が保育所入所児と比較対照を行っている[19]。それによると，家庭的保育では，子どもが不快感情や欲求表出する頻度が多く，保育者の応答も適切であることを明らかにした。これは少人数保育であることによると結論づけている。

このように，1人，または補助を含めて少なくとも2人の担当者で常時保育するため，保育者と子どもの関係が密になり，絆が深くなると考えられる。また，家庭とは異質な場において，大きな集団で生活することに過度に緊張するといった特性をもつ子どもにとって，家庭的保育の存在意義は大きいと考えられる。より大きな集団での生活に入る前に，小集団の中で保育者と強い愛着関係をもつことは，「基本的信頼関係」を成立させ，その後の人間関係形成能力に大きな影響力をもつことが考えられるからである。

このような状況の中で，保育所保育の経験をもつ家庭的保育保育者は，子どもに対する愛情が，保育所で担当していた子どもに対するものよりも，より強いように感じ，保育者というより，母親に近い感覚で接していることを報告している。

2）子ども同士の関係

受託児同士の関係の特質としては，それが0～3歳児の異年齢混合の小集団であるところによる。特に個人差・年齢差の大きな乳児期の子どもたちによる集団では，さまざまないざこざが起こりやすい。この年齢特有の衝動性の強さ，自己中心性などに加え，家庭で保育され，保育者との関係がより強い愛情によって成立しているため，子どもたちは自我を比較的自由に出すことができるためであろう。子ども同士のけんかは容赦がなく激しいことを保育者が報告している。激しいけんかをする中で，子ども同士の絆は強くなり，公園などの公共の場に行き，受託児以外の子どもとのけんかが発生すると，仲間同士でかばい合う姿が見られるという。それは，まさしくきょうだい関係をほうふつとさせるような関係だとも語った。

一人っ子が増加し，子どもの人間関係も希薄化してきている。けんかによる人間関係形成能力の発達について熟知する保育者による保育であれば，子どものけんか場面をじっくりと見守ることができる。そのためには，受託児数が少ないことが重要である。

また，異年齢小集団であることから，加齢とともに，末子から中間子，そして長子へと子どもの集団内での位置が変化していく。異年齢の子どもの行動をみてまねるという行為は，年下児が年上児をまねるという方向だけではなく，年上児が年下児の甘えるようすを見て，それをまねることにより子どもの対人行動が拡大したという例も報告されている。

3）子どもと保育者の家族との関係

これは，家庭型保育の大きな特徴である。保育者の家族は，保育に協力するという立場をとり，直接保育を行う保育者とは異なる。そのため，子どもとのかかわりが多様になる。子どもは，激しく体を動かすあそびを保育者の息子と行ったり，保育者の親の部屋で早朝のひとときをともにテレビを見て過ごしたりしていることが報告された。また，保育者とのかかわりとは別に，子どもと家族とのかかわりの継続に期待する親もおり，「この子が大きくなったら相談に乗ってやって」と保育者の息子に親が頼む事例も報告された。

依田は，子どもの人間関係を図6-5のように示している。未熟な子どもと成熟したおとなでは能力差が大きいため，両者の関係は対等でない「タテの人間関係」になる。それに対して，同年齢児同士の関係は，同質性が高く，対称的な「ヨコの人間関係」になる。この2種類の人間関係の性質をあわせもつ関係としては，きょうだいや異年齢児とのかかわりになる。図中の「ナナメの人間関係」に当たる。おとなとの関係ほど技能や能力の差はないものの，同年齢児ほど対等ではない。そして，ナナメの関係の角度は，相手や状況によってさまざまに変化する。水平の方向に傾くと関係は対等なものになり，垂直の方向に傾くと技能・能力差が大きくなるという。

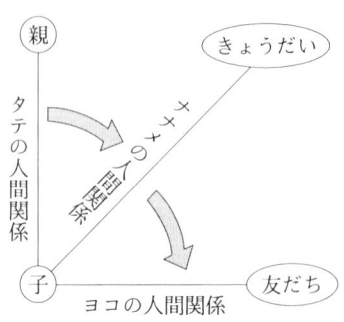

図6-5　子どもの人間関係
（依田　明：きょうだいの研究，大日本図書，1990，p.87)

　これを家庭型保育における子どもの人間関係に当てはめてみると，ヨコの人間関係は，同年齢の子ども同士の関係，タテの人間関係は子どもと保育者の関係，より水平方向のナナメの人間関係は異年齢の子ども同士の関係で，垂直方向のナナメの人間関係は子どもと保育者の家族の関係と考えることが可能である。特に，ナナメの人間関係は，子どもの年齢差，保育者の子どもとの年齢差，保育者の夫や親と，さまざまにその角度が異なる。少人数集団であるため，ヨコの人間関係のみが突出することは考えにくく，むしろ，さまざまな人間関係の中の1つとして対象的な関係も存在するという構成になる。同年齢ごとのクラス組織で保育を行う場合と比べて，きわめて異質性の高い人間関係を経験することが可能であると考えられる。

　清水は，人1人が経験する相互関係の数は，$n(n-1)/2$として算出できることを明らかにした[20]。核家族で一人っ子である子どもを例にとると，この子どもの経験できる相互作用数は3でしかない。しかし，家庭型保育の保育者の家族に，夫・子ども2人がおり，そこに3人の子どもが保育されているとす

る。するとそこに成立する相互作用数は36になる。子どもたちは，直接的にそれらの関係を経験するだけでなく，見るという形で間接的に経験することもできる。それは，ごっこあそびとして現れ，子どもの人間関係形成能力の土台を形成していく。

4）子どもと近隣の人々の関係，および保育所との連携

これもまた，家庭型保育における人間関係の特質の1つである。保育現場が家庭であると，保育者の家族以外にも直接保育と関係のない人々との接点が多くなる。家庭を訪れる配達員，保育希望者や保育終了後の親子，保育者の家族の友人，散歩先で出会った人々などである。一般的に，保育や子どもたちとは無関係に保育現場を訪れる人々については，子どものあそびの妨げになると評価されがちである。しかし，家庭型保育では，それらの人々が子どもとの接点を否応なしに保育現場にもち込む。子ども好きな人は，自分から子どもに声をかけてくるし，子どもが嫌いな人は，子どもたちが集まってきてもまったく関係なしに用件だけを済ませて去っていくだろう。子どもたちは，一時的ではあるにしろ，彼らと場を共有し，会話をしたり，保育者とのやりとりを観察することが可能になってくる。これは，保育者の家族との人間関係同様，子どもの人間関係を拡大しつつ，保育現場を越えた広い社会との接点ともなることが考えられる。

また，家庭的保育では近隣の保育所の園庭開放や行事などへの参加も行われている。これは，外あそびのための広い場所の必要性から，公園など公共施設を利用するための選択肢の1つになっていることに加えて，家庭で保育する場合の閉塞感や閉鎖性といったマイナスの評価をふっしょくする機会ともなる。それは，家庭的保育の保育者が保育所保育に接する場であると同時に，保育所の保育士が家庭的保育の実践に触れることのできる機会である。保育所に出向くことは，両者の相互理解を可能にするといった意味あいももつ。

また，子どもにとって保育所にあそびに行く活動は，家庭的保育を修了した年上児との再開の場としての意味をもつ。それと同時に，自分が成長した後には保育所に通うようになるといった将来へのイメージを明確にしたり，保育所

に慣れることができる機会にもなっており，次の段階に移る際の心理的不安を軽減できることが考えられる。

家庭的保育における子どもの人間関係について検討すると，家庭よりも公共性が強く，多様性を含む関係を経験することができ，施設型集団保育と比べても多様な人間関係を経験でき，少人数なためきょうだい関係のように激しくぶつかり合うことにより，きずなを強める関係が可能になる。家庭型保育の人間関係は，家庭や施設型集団保育とは異なる特質をもつという意味で，異質論的な存在として成立していると考えられる。家庭的保育が閉塞感，閉鎖性をもたらすというマイナスの特性は，それをふっしょくするために近隣に出向いたり，保育所と連携をとることにより，ますます異質性を際だたせることができると考えられる。

（4）家庭的保育の課題

家庭的保育は保育の場が家庭であるために，閉鎖性や密室性を問題点として内包している。また，そのために各保育者の保育の質に大きな差があることも指摘されている。

例えば，横浜市家庭保育福祉員達は，この課題を克服するためにいくつかの取り組みを行っている。

第1に，横浜市福祉局の指導員による巡回保育指導や看護師による巡回健康診断をそれぞれ年に2回ずつ受ける。

第2に，保育者が進んで近隣の保育所の園庭開放や行事に参加する。

第3に，研修会や行事（運動会や保育終了・進級式など）を横浜市の家庭保育福祉員協同で開催する。行事は，父母の会とも共催することを進めている。

第4に，家庭保育福祉員制度の認知度をあげるためにビデオ制作を行い，保育で公共施設を利用する際に近隣の人々とかかわりを積極的にもつなどの工夫をしている。

しかし，これらの取り組みは，保育者の個人的努力によるところが多く，閉鎖性や密室性の問題はある程度軽減されるものの，組織的に保育者間の保育の

質の向上を図るには至っていない。当面は，保育者間の凝集性を高め，保育の質の向上を図るために，全国の家庭的保育保育者が任意で加入する全国家庭的保育ネットワークの活動やそこから得た情報を，各地方ごとの家庭的保育保育者団体の活動や直面する課題に反映させながら，両団体の活動を連動させることが課題となるのではないかと考える。

4．おわりに

現在の保育行政は，「家庭保育に欠ける」子どもを対象としており，そこには家庭養育が子どもにとって最善であるとする保育観が存在する。この考え方は，「母性は女性の本能」とする母性愛神話や「3歳児までは母の手で」とする3歳児神話の影響を受けている。特に乳児保育はこれらの影響を強く受けており，乳児が家庭外保育を受ける際の親や周囲の人々の心理的抵抗を生んでいる。この考え方は，子どもに関する責任をすべて親に課そうとする私物的我が子観に通じることが考えられる。しかし現代，子どもに関する責任を全面的に課せられている親，特に母親は，子育てに関する具体的な情報を得にくいまま，孤立感を強めている。また，社会との接点の少ない専業主婦による子育ては，より深刻な状況にあり，育児ノイローゼや児童虐待は，社会問題化している。

このような状況では，家庭養育が乳児にとって最善であるとは考えにくく，従来「保育に欠ける」子どもを対象としていた保育所は，専業主婦の子育てに対する支援事業を，その機能に付加させるに至った。

高度経済成長期に不足する保育所を補完する目的で生まれた家庭的保育は，家庭を保育の場としているために，家庭養育と環境が近似している。そのため，主婦が片手間にできると見なされ，保育者の労働条件や社会保障が整っていない。家庭的保育保育者の資格要件は，各自治体ごとに異なり，保育士などの専門性を求められるものから，保育者自身の子育て経験を問われるもの，専門性も子育て経験も求められないものなど多岐におよんでいる。家庭的保育

は，制度が開始された当時から乳児保育の担い手とされている。乳児保育を行う保育者の資格要件の中に母性が含まれることから，家庭的保育も母性神話や3歳児神話の影響を受け，不安定な位置づけをされていることが考察された。

家庭的保育制度は，保育所の待機児童対策のための暫定的な制度として開始されている。そのため，保育所の定員割れが出はじめたころから制度が廃止される所が増え，1991年には制度存続の危機に直面した。この危機は，存続運動や全国家庭的保育ネットワーク結成などにより回避されたが，その位置づけは変わらないばかりか，1999年，新エンゼルプランによって開始された国による制度でも保育所入所待機児童対策の応急的暫定策として位置づけられている。このため，この制度は，保育需要が満たされたとされれば，再び存続の危機に立たされる可能性を含んでいる。

家庭的保育には，子どもにとって自宅の延長線上にある保育者の居宅において，きょうだい関係に似た異年齢小集団が保育者の家族との多様な人間関係を経験しながら保育を受けることのできる特性がある。家庭養育や保育所保育の補完を目的とする家庭的保育制度は，保育所同様，家庭の養育機能低下により，その機能を変更・拡大する必要があると考えられる。そのためには，家庭養育や保育所保育とは質の異なる保育を提供することが重要になってくる。

家庭的保育が独自の保育内容を構築するには，保育の場としての家庭と異年齢小集団という特性を活かすことが有効であると考えられる。すなわち，子どもたちが家庭的保育における生活の中で生活主体者として意識をもち，行動することを，あそびと並んで保育の中核に位置づける必要があると考えられる。一般に，3歳未満児を「生活者」として認識することには違和感を覚えるかもしれない。しかし，異年齢混合であるために，年上児の行動を年下児があこがれの気持ちをもって見ることができ，年上児は2～3歳で年長児としての経験をすることができる。また，手のかかる乳児期の子どもたちを対象とする保育であっても，小集団であることから，じっくりと取り組むことのできる余裕を生み出すことが可能であると考えられる。

自我の芽生えにより，模倣することで環境内の課題をやり遂げたいという思

いの強くなる子どもたちにとって，家庭的保育の環境は多様な動機づけを潜在させている。また，3歳未満児の重要な課題である自己統制能力の発達を促進するという側面ももつ。

　以上のような点から，家庭的保育は独自の保育内容を構築するには十分な条件を潜在させていると考えることができる。またそれは，単に家庭養育に欠ける子どもに対してそれを補完するといった意味合いではなく，乳児が異年齢小集団で保育者の家庭において保育されることに，より積極的な意味を付与することが可能になり，母性愛神話や3歳児神話の影響を受けた私物的わが子観から母親を解放し，親とともに子どもを育んでいくという共同意識をもつことを可能にすると考えられている。私物的わが子観が閉塞状況を迎え，社会問題を生み出している現代，家庭的保育は，子育ての社会化という新しい局面を切り開く可能性をもつと考えることができる。

〔引用文献〕
1) 高橋重宏：母子心中の実態と家族関係の健康化，川島書店 (1987), pp. 83–84
2) 大日向雅美：母性愛神話の罠, 日本評論社 (2000), pp. 2–3
3) 福川須美「転機に立つ家庭的保育制度の現状と課題」, 現代のエスプリ　家庭的保育のすすめ, 401, (2000), p. 34
4) 福川須美「家庭的保育（制度）」, 福祉社会事典, 弘文堂 (1999), p. 150
5) 池川　清：母子福祉, 日本生命済世会 (1961), p. 483
6) 金田利子：日本における「母性神話」の動向, 日本保育学会（編）：わが国における保育の課題と展望, 世界文化社 (1997), pp. 102–118
7) 大日向雅美「少子化　どうする？こうしよう　厚労相懇談会・各分野メンバーに聞く」, 朝日新聞朝刊 (2002.9.13)
8) 名木純子：エスクの家庭保育ネットワーク―日本のチャイルドマインダーたち, つげ書房新社 (1999), pp. 20–35
9) 名木純子「新しい世紀のはじめに」, エスクNEWS, 65, (2001), 1
10) 星　順子「さまざまな場での乳児保育」, 入江礼子（編）：乳児保育の探求, 相川書房 (2002)
11) 前掲2), p. 16
12) 畠中宗一：保育政策の臨床社会学　『保育所神話』の形成過程, 大村英昭・野口裕二（編）：臨床社会学のすすめ, 有斐閣 (2000), p. 175

13) 杉本敏子「R会員になるまでの手続きの実際」, エスク NEWS, **68**, (2001), 3
14) 星　順子「家庭的保育における子どもの人間関係に関する一考察　横浜市家庭保育福祉員への聴き取り調査より」, 人文社会科学論集, **17**, 東洋英和女学院大学 (2000), 69-94
15) J. S ブルーナー：イギリスの家庭外保育, 誠信書房 (1985), pp. 129-131
16) B. M. ニューマン・F. R. ニューマン(著), 福富　護(訳)：新版　生涯発達心理学―エリクソンによる人間の一生とその可能性, 川島書店 (1988), pp. 141-146
17) 前掲8), pp. 156-161
18) 前掲14), pp. 69-94
19) 水津恵美子「乳児保育における家庭的処遇について」大妻女子大学, 1984年度卒業論文, pp. 53-83
20) 清水弘司「きょうだい関係」, 鹿田一夫：家族の人間関係(1)総論, ブレーン出版 (1986), pp. 101-103

〔参考文献〕

- 上村康子・福川須美「家庭的保育制度の全国実態調査報告(上)―1992年, 1998年調査から」, 保育情報, **262**, 全国保育団体連絡会 (1998)
- 全国家庭的保育ネットワーク：応援します　働くお母さん―わが家は地域の子育てパートナー, ひとなる書房 (1997)
- 名木純子：エスクの家庭保育ネットワーク―日本のチャイルドマインダーたち, つげ書房新社 (1999)
- 大場牧夫：新版　幼児の生活とカリキュラム, フレーベル館 (1983)
- 星　順子「家庭的保育における子どもの人間関係に関する一考察　横浜市家庭保育福祉員への聴き取り調査より」, 人文社会科学論集, **17**, 東洋英和女学院大学 (2000)

第7章 子どもとの信頼関係を築くために
——親と子どもの共感的理解の中で

1. はじめに

　筆者は，幼稚園で3歳過ぎの幼児を保護者とともに受け入れ，保育者（以後親も含む）とともに保育にかかわっている。

　3歳から入園してきた幼児とその保護者と向きあう日々の保育の中で，3歳以前の親子の信頼関係の形成が，その後の集団生活に大きな影響を与えている実情に驚きを覚えている。入園前の親子関係で不安感の強い子どもは，親との信頼関係が育っておらず，新しい集団生活になかなかなじまず，友だちとのかかわりに不安を覚える。集団生活での物の取り合いなど，友だちとのトラブルやそれによって生じるけがは，子どもの成長の過程で自然な現象であり必要な経験であるが，親も子どももともにそのことを受け入れ，乗り越えることが難しい。トラブルが生じた場合，保育者が親子関係にかかわるよう努力するが，長い時間の経過を必要とする。もちろん，その後の集団生活の経験を通し，新しく親子関係を見直し親と子どもの信頼関係を築いていく事例も多い。

　0歳から3歳までは，親との接触を通して人に対する基本的な信頼関係が形成される時期である。親が子どもの心を感じながら，愛する心で共感的にことばかけをしたり，身体的な接触をすると，子どもはみずからの存在を受け入れ，安定した日々を過ごすことができる。親に共感的に理解され，安定し安心した日々の生活の繰り返しの中で子どもは次第に他者に対する関心も深まり，同時に周りの環境に積極的にかかわるようになり，トラブルが生じても親に支

えられつつ、その状況に対処することができる。逆に、親の一方的な子どもに対する理解や親の不安感の中で育つと、子どもは不安感を抱きみずからの存在をおびやかされる生活の繰り返しとなる。そのことにより周りの人に対する関心や物に対する興味や関心も希薄になり、不安定な生活となり、集団生活の中でトラブルを起こす原因ともなり、トラブルを複雑化、他者との関係が築き難くなる。

　3歳で入園してくる幼児が、それまでにどのような親との信頼関係を築いてきたか、また、その後の集団生活をどのように経験していくかは、その子の生涯に大きな影響を与えていくことと思う。子どもが喜んで、豊かに、満足した、安定した人生を歩み出すことができることにより生きる力が培われていく。そのためにも日々の保育を通し、筆者は、3歳以前の親と子どもの信頼関係を築くための親子のかかわりについて、できるだけ具体的に考えてみる必要を感じている。

　この章では、親子の信頼関係を築くために、食事、睡眠、排泄、あそび、泣き笑いなどの感情表現、絵本の読み聞かせなどの子どもの毎日の生活事例場面を通して、親の子どもに対する共感的理解のあり方を探ってみたい。

　なお、ここでの共感的理解とは、ボウルビィによると知的レベルでとらえるのではなく、「親と子どもが満足と幸福感で満たされている状態」（児童臨床心理学事典、岩崎学術出版社、1974）を指し、お互いの存在と心を感じられる「思いやり」（相手の立場に立って相手の気持ちをくむ）へと発展していく状態としてとらえたい。

2．食事（授乳）・睡眠へのかかわり

　乳児期の授乳時や睡眠に保育者がどのようにかかわるか、子どもとの信頼関係を築く過程で重要な事柄である。乳児は、身体で感じている事柄や要求は、まだことばでは表現できない。しかし、保育者が愛情をもってよく観察していると表情や身体全体のようす、泣き、行動などで、みずからの気持ちを表現し

訴えていることがわかる。そのようすを共感的に理解し，乳児の気持ちになって語りかけたり，温かな配慮の中で生活をすることによって，乳児は情緒的に安定し，保育者とのかかわりを積極的に求めるようになる。さらに，特定の保育者との結びつきが密になり，人との信頼関係の土台が築きはじめられる。逆に，保育者が，乳児の行動に興味を示さなかったり，自分の仕事に夢中になって乳児への対応が希薄になりかかわりが少なくなると，乳児も保育者に，次第に関心を示さなくなる。また，保育者が一方的に，自分の都合や主張で授乳などの世話を機械的に行っていると，乳児は，みずからの生理的リズムがつかみにくくなり，機嫌が悪く不安定になる。

表7-1，表7-2は，授乳時および睡眠に入るときの保育者の対応の相違を筆者が観察したものである（1982年6月）。

A男は，生後3か月半男児。母親が家庭で育てている。2歳半の姉がいる。

B子は，生後4か月女児。両親は小学校教員で保育所に預けている。6歳の姉がいる。

表7-1　保育者のA男への対応

時間の経過	保育者の対応	A男の反応
13時40分	おむつを替えながら乳児に「クーン，クーン」と語りかけ，足をさする。 授乳の準備をする。 姉にも哺乳ビンにジュースを入れて渡す。 「A男ちゃん待ってなさい」と隣の部屋から語りかける。 姉が「Mちゃんも一緒に飲みます」と哺乳ビンを持ってA男のまわりを走りまわる。 <u>母乳を与える。「もう出ないね」と用意した哺乳ビンのミルクを与える。「おいしい，おいしいね」と語りかける。</u> 姉が一緒に横に寝て，タオルをあごの下に入れ，哺乳ビンからジュースをA	保育者の語りかける顔をジーと見つめる。 フンフンと泣きはじめる。 保育者の声の方へ顔を向ける。 姉の方へ首を動かし，姉の動きを追う。 <u>2分くらいで乳首から離れる。</u> <u>ミルクを勢いよく150m𝑙飲む。</u> 気持ち良さそうに乳首を離し，

	男に合わせて飲む。	保育者に抱かれたまま眠る。気持ちよさそうに寝ている。
	姉は，飲み終わると母親とA男のまわりを走りまわる。	
	「Mちゃん，静かにしなさい」と注意する。	
14時20分	姉が騒ぐので，隣の部屋で一緒にテレビを見る。M子はさらに騒ぐ。	布団の上に寝かされる。
14時40分	「もう起きちゃったのね。Mちゃんが静かにしないから寝られないね。」と語りかける。	目覚め，周りを見て，「フンフン」と泣きはじめる。保育者が語りかけると声の方を見る。姉とテレビの音の方を見ている。
14時55分	「A男ちゃん，そうなのママにはよく笑いますね。そうですか。お話しましょうね。」とA男の両手を握りながら，動かして語りかける。「強いお手てをしていますね。そうですか。」と語りかける。	保育者が語りかけると笑う顔になる。「クーン，クーン」発声する。機嫌よく，周りを見る。
15時10分	M子は，テレビを見たり，絵を描いたり，歌を歌ったりする。母親は，M子と一緒に遊ぶ。	保育者が去った後，周りを見ているが，泣きはじめる。顔を赤くして怒ったように泣く。
15時15分	「A男ちゃん，抱っこされたいのね。」と言って抱きあげ，歩きながらテラスに出る。M子は，一緒に外のようすを見ている。保育者は，座ってA男の足をさする。再び，布団の上に寝かせる。	抱きあげられると泣き止む。外のようすを見ながら，ゆすられるとウトウトしはじめ，気持ちよさそうに眠る。
15時30分	M子が保育者に大きな声で話しかける。「シー静かにしましょう。M子も一緒にねんねしましょ」と横になるが，M子はふざける。	
15時40分	M子と保育者はA男のようすを見て笑いながら会話する。	目を覚まし，周りを見る。シャックリを始める。

2. 食事（授乳）・睡眠へのかかわり

表7-2　保育者のB子への対応

時間の経過	保育者の対応	B子の反応
10時00分	授乳 保育者は「おいしい，おいしい」と声をかけながら哺乳ビンでミルクを与える。 担当の他児2名のようすを観察しながらB子に対応する。	180 mlを一気に飲む。 満足な表情で保育者に抱かれる。
10時10分	2分抱いてB子をベッドに入れる。 他児の授乳にかかる。B子のようすを見ながら他児に授乳する。	ベッドで周りを見まわしている。
10時20分	担当外の保育者が通りがかりに「B子ちゃん」と声をかけ頬を触る。	ほほえむ顔を返して頭上の方を見る。
10時30分		左右に身体を返し，アーアー，ウーウーと発声する。 クンクンと変化し，泣きはじめる。頭上でおむつを替えている他の保育者をジーと見ている。 両手を頭の上や口にもっていき遊ぶ。
10時40分		発声が強くなり，激しく泣きはじめる。
10時50分	他の2名の授乳を終え，B子を抱く。「B子ちゃん，どうしたの泣かない泣かない」と声を掛ける。 おむつを替える。	保育者に抱かれるとすぐ泣き止む。 顔が涙で濡れている。
11時00分	B子をベッドに寝かせオルゴールをかけ，布団を掛ける。 他児を抱きあげる。	オルゴールをジーと見つめ周りを見まわす。 再び，アーアーと発声。
11時10分	保育者が他の乳児を抱きながら，ベッドの側に立ち「ねんね，ねんね」と布団を上から軽くたたく。	泣きはじめる。 少し静かになる。
11時20分	保育者は，B子を抱きあげ膝の上に乗せる。	再び激しく泣きはじめる。 泣きやみ，ーコーコと気持ちよくなる。

11時30分	再びベッドに入れる。	発声を繰り返しているが再び泣きはじめる。
11時40分	遠くからようすを見る。「昨日も泣きながら寝たのでそのままにしましょう」と他の保育者と話し合う。	激しく泣く。
11時55分		激しく泣いたり，止めたりしながら，こぶしを口に入れ眠りに入る。

　以上A男とB子の授乳と眠りに入るまでのおよそ2時間の保育者の乳児への対応の記録である。

　A男の場合は，保育者（母親）が家庭で2歳半の姉と一緒にA男に対応している。

　B子の場合は，保育所で保育者が3名の乳児と同時にB子に対応している。

　それぞれの保育の場は異なっているが，乳児への共感的対応でいくつかのことを考察することができる。

（1）授乳時における対応について

　乳児は，気持ちよく授乳を受け安心して眠りにつき，平安な気持ちで排泄できることによって，保育者と安定した関係ができる。そのことによって，保育者との信頼関係が築かれていく。それは，必ずしも保育者と乳児の1対1の対応の中で実現されるとは限らない。1人1人の乳児に心を注いで共感的に対応することによって，信頼関係が次第に築かれていく。またそれは家庭でのみ実現されるとは限らず，施設の保育においても十分に実現できることである。

　A男の場合は，2歳半の姉がいるため，保育者は授乳と同時に姉との対応もしなければならない。保育者が姉との対応にやや困惑しながらも，母乳で授乳をはじめる。すぐに母乳から離れるA男の状況を見て「もう出ないね」と哺乳ビンからの授乳に変える。さらに「おいしい，おいしいね」とA男の満足した表情に共感し語りかける。A男は満足した表情で乳首から離れ保育者に抱かれたままウトウトとする。

B子の場合は，保育者がてきぱきと授乳を進め，B子は一気に180 mlを飲む。保育者は「おいしい，おいしい」と声をかけるが，担当の2児を気にかけている。B子は満足した表情で保育者に抱かれるが，2分でベッドに入れられる。的確な対応をしているが，B子の気持ちが十分に満たされていない。通りがかりのほかの保育者に「B子ちゃん」と声を掛けられ頬を触れられほほえむが対応はそれで終了してしまう。

授乳前後の保育者の乳児への対応は，乳児が空腹が満たされるだけでなく，安心した心地良さが体験できるように，乳児の表情や状況を把握することが必要になる。授乳時の保育者と乳児の関係は，食を通して将来2者が信頼関係を築く基礎となる。双方が，空腹を満たされる心地良さを共感し合えるためにも，保育者が乳児に共感的理解を示すことを大切にし保育をしたい。

（2）眠りに入るときに

乳児が眠りにつくとき，さまざまな状況を呈する。保育者に抱かれ，心地よくウトウトするとき，眠りに入るときに機嫌が悪くなり泣きながら眠りに入るとき，満足してすうっと眠りにつくとき，音や声に刺激されながら眠りにつくとき，などさまざまである。眠りにつく前後の保育者の対応や環境が，乳児の眠りにいろいろな影響を与える。

A男の場合，姉に眠りを邪魔され短い眠りであるが，保育者の抱きや工夫で心地よく眠りについている。一方B子の場合，オルゴールや声かけはあるが，満たされない状況の中でなかなか眠りに入れない。「ねんね，ねんね」と布団の上から軽くたたくが，ゆっくりした対応ができない。「昨日も泣きながら寝たのでそのままにしましょう」との保育者の判断でB子は涙とこぶしを口に入れたよだれで顔をくしゃくしゃにしながら眠りにつく。B子の場合，眠りにつくときの不安感を保育者は，共感的に理解できない。こうした不安感の積み重ねが，人のかかわりの信頼関係を希薄にする可能性が強い。

（3）乳児のクーイングへの応答

　保育者と乳児の相互交渉は，いろいろな経験でなされる。目と目を合わすこと，乳児のほほえみにこたえること，身体の接触などなどである。その中でも乳児の発声に，保育者がその内容を理解し共感的にこたえることは，両者の関係を深めていくよい機会となる。意味のない発声として放棄しておくと，保育者との関係が希薄になるだけでなく，情緒も共有できなく，表情も貧しくなる。

　A男の場合を事例から見ると，おむつを替えながら「クーン，クーン」と保育者が語りかけ足をさすると，保育者の語りかける顔をジーっと見つめている。さらに目覚めた後に「A男ちゃん，そうなのママにはよく笑いますね。そうですか。お話ししましょうね」と語りかけると「クーン，クーン」と発声している。その後も抱きあげながら「抱っこされたいのね」とA男の気持ちをくんで語りかけている。2時間近くの観察の間に保育者はA男の気持ちに共感しながら幾度も語りかけたり，笑いかけたりしていた。

　B子の場合は，授乳のとき「おいしい，おいしい」と語りかけたほかは，B子が泣いたときに「B子ちゃん，どうしたの，泣かない泣かない」と語りかけたほかは「ねんね，ねんね」と布団をたたくときのみであった。B子との発声のやりとりではなく一方的な語りかけであった。また，笑いかけることもなかった。A男と比べると明らかに会話を楽しんだり，感情にこたえるようすはうかがえない。乳児のクーイングへの応答は，保育者との関係を明らかに密にしているようすを観察することができた。

　以上，授乳時や，眠りに入るときに，笑いや泣きの感情表現にこたえたり，語りかけがどのようになされていたか，2児の観察を通し考察した。

　保育者が乳児にどのように共感的に対応しているか，短い時間の観察の中でも相違が生じてくる。毎日の生活の中で保育者と乳児がどのように対応しているかを育児日記で振り返ったり，第三者の観察を参考に振り返ってみることが

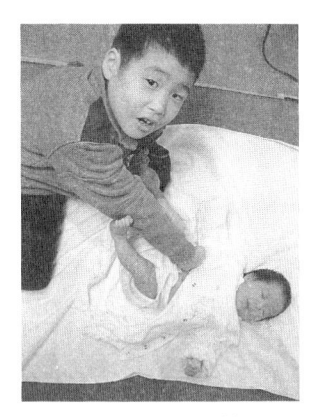

図7-1　授　乳　　　　　　　　図7-2　おむつ替え

大切である。授乳時や食事のとき，睡眠に入るときは，保育者と心を通わせるよい機会となる。会話を楽しんだり，笑いかけたり，泣くことに対応するひとつひとつの共感的な働きかけが保育者の喜びになると，乳児との信頼関係は一層強くなっていく。忙しさ，気ぜわしさの中で生活をするのではなく，乳児の動作の中に楽しさを見つけると，子どもを見る目も異なってくる。乳児と保育者がお互いの存在を大切に感じはじめ，信頼関係が築かれていく第一歩である。

3．おむつが取れるまでのかかわり

　保育者にとって子どもが，おむつが取れトイレが自立できるようになるまでのかかわりは，重要な関心事となる。子どもが「育つ」ときと保育者が「育てる」ときがうまく絡み合い「おむつが取れる」といった経験ができると，相方の信頼関係は，次の成長の良い土台となる。しかし「おむつ」が取れるまでの子どもと保育者のかかわりは葛藤が多く，相方にストレスをためがちになる。その結果，子どもと保育者の信頼関係のバランスが崩れ，子どもは自信を失ったり，保育者は指示的になったりする。おむつが取れるまでの過程でそれぞれの存在が脅かされることのないようなかかわりをもちたい。

　子どもが「おしっこ」「うんち」とことばの表現ができ，そのことが理解で

きるようになるまでに、子どもの中にはあらゆる面での準備が整わなければならない。それが「育ち」である。身体的機能はもちろん、精神的（知的）な発達も伴って準備がなされていく。その期間は1年から2年かかる場合もあり、行きつ戻りつなされる場合もある。およそ2歳前後から3歳半過ぎまでの間におむつが取れる子どもが多い。その間、保育者が子どもの「育ち」をよく観察しつつ、おおらかな気持ちでトイレに誘導し、子どもに対応することが「育てる」側の責任となる。この間の保育者の子どもへの対応は、将来の子どもの信頼関係に大きな影響を与えることは前述の通りである。近年、紙おむつによる影響で、子どもの身体的機能の発達に支障をきたし、尿が出てしまったと感じられる「育ち」を妨げがちになり、「育てる」側の保育者の対応がうまくできなくなっている。家庭児にあっては、保育者が他の子どものようすを見られなかったり、知識として情報をもっていても実践者が近くにいなかったりすることが多く、おむつが取れるまでの不安は大きい。

　おむつが取れるまでの子どもと保育者のかかわりを巡って、母親としての筆者（以降私と記す）と3人の子どもの事例を通し考察してみたい。

（1）長女S子の場合（8月生まれ）

　第一子として生まれたS子に対し、私はこれまでの保育者（幼稚園に勤務）としての知識を生かし、できる限り知識に沿う形で保育を進めた。また1週間の育児日記を振り返ってS子の生活のリズムを把握し、授乳や尿、便のリズムの変化を観察した。特に便の出具合には神経質になり、便の無い日が続くと離乳食を工夫したり、オリーブ油で肛門を刺激したり、不安な日が続き家庭医学書を読んだり医者に相談し、S子におおらかな対応ができなかった。

　35年前は紙おむつはごくまれにしか使用せず、古布で作ったおむつを使用していた。布に蒸れることを心配し、頻繁におむつ交換を行っていた。私が幼稚園に勤務する間は知人に預けていたが、お尻が赤くなっている日は、不安になり翌日は特におむつ交換の頻度をあげるよう依頼した。おむつ交換のときはよくマッサージをし、語りかけるよう努めた。S子をかわいいと心から思う一

方，世話をすることに夢中になり，私の側に余裕がなく，第三者がＳ子は大変健康で丈夫に育つ力をもっていることを忠告してくれても，不安をいつも抱いていた。

　7か月を過ぎる頃から，かわいい便器を購入し，おむつを外し抱えて尿をさせ，尿のリズムにたまたま合うと嬉しく，Ｓ子を抱きしめて喜んだ。便のリズムは，育児日誌で大体把握していたので，Ｓ子が顔を赤くし力んでいるとすぐおむつを外して便器に乗せた。便はおむつの中より便器にする方が多くなった。10か月を過ぎ夏に入り暑い日が続き，おむつでは汗をかくためできる限りおむつを外し便器を使用するようにした。11か月になると本格的な夏に入ったため，パンツを多量（30枚）に購入し，尿が出るとすぐわかり，Ｓ子を便器につけるタイミングが合わせ易くなった。

　私は児童文学者の松谷みよ子の『ももちゃんの赤ちゃん』の話が好きで，ももちゃんの汚れたパンツを多量に干す場面をまねてＳ子と一緒に喜んでいた。しかし，夏休みに入ると私はＳ子が失敗する回数を少なくするため便器にかけるのを頻繁にするようになった。私の夏休み中にできるだけおむつがとれるようにしたいと願ったからである。Ｓ子があそびに夢中になって便器を嫌がっても，無理に便器に腰掛けさせ，歌を歌ったり絵本を見せたりして尿が出るのを待った。また失敗すると「メッメッ」と恐い顔をして叱り，時にはおしりをたたいたこともあった。夏休み中は私がほとんど一緒に過ごし，Ｓ子のおむつ取りに取り組んだ。その結果13か月の歩行がスムーズになるころには，ほとんど失敗することなく，おむつを取ることができた。15か月で旅行に出掛けたときは，「おしっこ」とはっきり知らせ，まわりのおとなを驚かせた。便は神経質になり過ぎたためか便器に掛けてやっと少量出ることが多く，私の不安は続くようになった。

　2歳になると「トイレ」とはっきりことばで表現し，トイレ以外の所でさせようとしても応じないようになった。特に外出中外でさせようとしても，拒否する。外出先で尿をもらし失敗し，私がたくさんパンツの替えがあるから大丈夫だと言いきかせるが，泣いて失敗したことを気にするようになった。その後

尿や便の失敗は無くなったが，便は不定期で便秘がちで苦労した。

(2) 長男K夫の場合（1月生まれ）

K夫は第二子で，長女S子と4歳の年齢差がある。出生時より，声，体も大きく，よく泣く子であった。表情が豊かで大きな声で泣き，要求を表した。おむつは長女の時と同様に，布おむつを使用した。生活のリズムは，S子と同様1週間の表で授乳や排尿・排便などのようすを記録し把握した。しかし，記録に頼らずとも，K夫はみずからの要求を大声で泣き知らせるので，それに応じ，S子のときのように私が積極的にかかわらなくても対応することができた。また，S子の経験から生活のリズムも大体把握でき，要領よく対応もできた。4歳年上のS子がK夫に関心をもち，おむつ替えの時は喜んで一緒にかかわり，S子はそのときを待つようにして楽しんだ。私もS子とのかかわりが楽しく，K夫が大声で泣きおむつが汚れたことを知らせると，S子と一緒におむつ替えを楽しんだ。おむつ替えに神経質になったことはなかった。

K夫が1月生まれであったことと，早くおむつが取れたS子との葛藤の体験から，私は，K夫に対しては，便器を使用して尿や便をさせるのは，冬が過ぎた15か月頃から始めた。この頃，私は幼稚園をやめ育児に専念していたので，時間的にゆとりのある生活をしていた。18か月過ぎると夏を迎え，S子の経験を生かし，おむつを取りパンツにした。失敗も気にならずパンツの数もS子の時の半数であった。あそびに夢中になり，失敗することが多く，S子が私に知らせ「お母さんは，もっとよく見ていなさい」と忠告した。2歳半の夏を迎えたとき，水あそびをしているときに，1人でトイレに行くようになっており，いつそうなったか私に記憶がなく，驚きを覚えた。その後，排便も朝食後に必ずするようになっていた。しかし，夜尿は時々あり，小学校3年くらいまで続いた。

(3) 次女C子の場合（1月生まれ）

C子は第三子で，長男K夫と2歳の年齢差がある。K夫のおむつが完全に

取れる前に出生した。C子がミルクを飲みはじめるとK夫は「にゅーにゅー（牛乳）」と言って哺乳ビンに牛乳を入れて私に寄りかかって飲んでいた。C子のおむつ交換のときも、自分もおむつをしてくれと主張したことがあったが、年長組になっていたS子に叱られる。しかしK夫はS子とあそぶことが多く、C子のおむつ替えにはあまり興味は示さなかった。私は、C子の生活のリズムの記録は1か月くらいで取らなくなった。3人の子育てに忙しく、記録を振り返る余裕がなかったからである。S子、K夫の経験から、C子の「育ち」を容易に予測できたし、S子、K夫の生活の世話と合わせて、C子の世話も同時に進めることができた。

おむつは、前回と同様布おむつであったが、C子は、汚れてK夫のように泣いて知らせることもなく、おむつの取り替えを忘れがちであった。7か月を過ぎるとS子、K夫の水あそびに合わせて外で過ごすことが多く、おむつを取ったまま外気にあてて過ごすことが多かった。タイミングを見て外で排尿をすることが多かった。冬になり再びおむつをする。2歳の誕生日を迎え、S子の忠告もあり、便器を使用するようになった。仕事をやめていた私が3人の子育てに一番深くかかわれた時期であった。K夫は失敗が多かったが、C子は失敗はほとんどなく便器を喜んで使用した。C子の仕草にS子やK夫が喜ぶので、C子は積極的に便器を使用していた。私も3人の関係に喜びを覚え、便器がおもちゃのように感じられた。C子は2歳過ぎると遊んでいても、出る前に「シーシー」と言いながらうれしそうに便器を使用し、S子やK夫をさらに喜ばせた。

（4） 3人を育てて

以上、私（筆者）の3人の子どものおむつが取れるまでのそれぞれの「育ち」とそれにかかわった「育てる姿勢」を振り返ってみた。

第一子のS子の場合、今でもその当時のことを思い出すと胸が痛む。おむつが取れるまでの過程で経験した葛藤は、その後もS子と私の信頼関係を築く大きな障害となった。短い期間の中でS子の「育ち」を待つことなく「育

てる」ことに夢中になり、余裕をなくしていた私にS子に対するおおらかな対応は少しも見られない。ただ、S子には私の一所懸命さは伝わり、そのことを土台に、後に、他の事柄を通し（本の読み聞かせなど）信頼関係を回復することができたことは幸いであった。「思いやり」の共同研究の指導者としてかかわってくださった平井信義先生が、この記録をご覧になり「S子さんはよく屈折しなかったね」と評してくださったことがある。先生の助言の通りであったが、おむつが取れるまでのかかわり以外のところで調整できたように思う。

　おむつが取れるまでの保育者の子どもへのかかわりは、第一子に対しては特に多くの課題を残す。どうしていいかわからないという現状によく出会う。4歳過ぎても保育者が子どもをおむつのまま集団生活に送り出したり、トイレに対し神経質に指示的になったり、子どもに不安材料を作ってしまうことが多い。私の場合、S子で学んだことを基に、S子の協力を得て、第二子・第三子を共感的に受け止め、おむつが取れるまでの時を和やかな雰囲気の中でうまく過ごすことができた。特に、第三子のC子の場合は、私が3人の関係を楽しみながら、自然にゆっくりとおむつが取れるまでにC子にかかわることができた。さらに、姉や兄とのかかわりの中で、排尿・排便について再学習できたように思う。

　私は幸いに第二子・第三子におむつが取れるまでの学習をさせてもらったが、子どもが少なくなり周りに参考となる事例がない昨今、保育者は他の子どもの事例を参考に、子どもが今どんなときを迎えているか、いろいろな保育者と語り合うことを大切にしたい。おむつが取れるまでの過ごし方に悩みを抱えている保育者は多くいることと思う。「おむつが取れるまで」つまり「おしっこ」「うんち」と子どもがはっきりと意志を他者に伝えることができるまで、子どもも保育者もある期間、課題をともにもって過ごすことになるが、その期間が短すぎてもいけないが、あまり、長くなってもいけない。例えば、4歳過ぎたり、5歳まで持ち越すことになると、保育者が子どもの気持ちを測りきれなくなり、叱る回数が増え神経質になる。また、子どもは、隠れて便をパンツの中にしたりなど、別の問題を引き起こすことが、しばしばある。「おむつが

取れるまで」は，子どもの感情に共感的に理解を示すということは難しい。

　保育者が気持ちを豊かに，おおらかに，明解に，「おむつが取れる」方向を示し，子どもの体験をともにするよう心掛けることが必要である。このことによって子どもは，保育者がいつも適切な援助をし，守ってくれることに安心感を得て，信頼関係が一層深まるのである。

4．子どもと保育者の絵本を通してのかかわり

　子どもと保育者の信頼関係は，いろいろな生活の場面を通して築かれていく。これまで食事，睡眠，排尿・便でのかかわりについて述べてきた。2歳を過ぎるとこうした生活の養護の面での保育者とのかかわりから，あそびや何かを作り出す活動面でのかかわりが次第に多くなる。保育者が幼い子どもの世話をする過程で，子どもと保育者のいろいろな会話や動作のやり取りを繰り返し，信頼関係を築いていくようすをこれまで述べてきた。こうした経験は，子どもにとってもおとなにとっても喜びとなる。

　このことを基盤に，子どもは生活範囲を広げ，周りの子どもとのかかわりを積極的にするようになる。周りの子どもとのかかわりが多くなると，次第にあそびが広がり深まり，他の子どもと一緒にいることを喜び，他者と協力して活動を行うようになる。さらに，年齢が進むとあそびや活動を通して他者の気持ちをくむ経験が重ねられ，みずからの存在の意味と相手を思いやる気持ちが育っていく。このようなあそびや活動の経験は，最初の段階（1歳半～2歳半）では，身近にいる保育者が中心になり子どもと一緒に展開するが，次第に，他者とのかかわりが多くなり，子ども同士で遊ぶようになる。3歳から4歳になっても子ども同士のかかわりの中に保育者が加わって楽しんでかかわっていると，あそびや活動がさらに活発化することも多い。

　保育者が子どもと一緒に遊んだり，いろいろな活動をともにするとき，お互いのことをよく知り合うことができる。子どもが心から楽しいと思っているようすに保育者が出会うと保育者も喜びを感じ，心が満たされる。子どもが活動

を通して何かを発見し，探求しているようすに保育者が触れると，子どもがどのように物事を理解し成長していくかを知ることができる。子どもは，保育者が自分と一緒に遊んでくれることを喜び，自分の行動に関心をもってくれる保育者の存在によって自分自身の生き方に自信をもつようになる。子どもも保育者も，お互いの心が満たされ幸福感を得ることができるのである。こうした繰り返しの経験が子どもと保育者のより一層強い信頼関係を築き，他者の気持ちに関心をもち，人とのかかわりがさらに広がっていくのである。本節では上記のあそびや活動の一例として，絵本の読み聞かせを子どもと保育者のかかわりの事例として取りあげたい。

次の事例は，筆者がこれまでかかわってきた幼稚園や児童文庫，また子どもや孫から得たものの中から，2歳から3歳にかけて出会ったもの3例を取りあげ，子どもと保育者のかかわりについて考察したものである。子どもは2歳から3歳にかけて特定の保育者から少しずつ離れ，子ども同士のかかわりが広がっていくことは前述した。筆者は，その精神的な成長の過程も絵本の読み聞かせを通して学ぶことができた。子どもの成長の折々に抱えている課題は，これまでの私の生き方にも示唆を与えてくれ，同時に，子どもにどう接して良いかの方向を示してくれる。幼い子どもであっても，子どもは絵本を通し，みずからの経験を確認し，新しい世界を広げ，自分自身の心の課題を絵本に相談をしている。これまで私は読み聞かせの過程で，このような姿に多く接してきた。

（1）『ちいさなねこ』（石井桃子作，横内襄絵，福音館書店）

〔あらすじ〕 ちいさなねこが，母ねこが目を離した間に，危険のあふれる外の世界へ飛び出していく。子どもの手，自動車，大きな犬など襲い掛かってくる。子ねこはこのような障害から逃れ，高い木に登り助けを求める。母ねこが，子ねこの声を聞き，助け出し連れ帰る。安堵した母と子ねこの幸福感に満ちた休憩の場面が最後にことばなしで描かれている。

子どもは，歩行が可能になったころから，次第に外あそびが多くなる。その

ころ，犬や猫にはよく出会い身近な動物となる。また，犬や猫は，家庭でペットとして飼われている。幼い子どもは，犬や猫のしぐさや行動に大変興味を示す。「ワンワン」「ニャーニャー」は，ことばの獲得の初期に現れる。

　この絵本の子どもにこびないストレートな絵と文章の表現に幼い子どもは引きつけられる。自分が経験した事柄が，そのままこの絵本に描かれているからである。「自分が知っている世界がここにある！」と心に感じることができる。T子は，この絵本が大のお気に入りであった。繰り返し読み聞かせを要求した。自分が経験した世界を短い心地よい文章で読み手のことばを通し，読み手の雰囲気を感じつつ心の中に流し込んでいく。物語を通し，いつの間にか子どもと読み手と深いかかわりができてくる。最後の安心して親ねこのもとで休む子ねこの表情は信頼感にあふれ，心がいやされる。子どもも読み手も心が満たされ，平和なときを共有する。2歳前後の少しずつ親から離れ不安を感じながらも次の世界へ出発しようとしている子どもの課題がここに描かれている。さらに親ねこを通し温かい配慮が周りにあることも学ぶことができる。児童文庫に集まった幼い子どもたちも「ブーブーあぶない！」と子ねこを気づかってのぞき込むようにして絵本に見入り，話の展開を息をこらして聞き入る。

　『ちいさなねこ』は，子どもと読み手の保育者と深いかかわりをもつことができた絵本であったことを，多くの幼い子どもから学んできた。『ちいさなねこ』の絵本を読み聞かせながら子どもの心を保育者が感じ，保育者の心を子どもが感じる体験をすることができる貴重なひとときとなった。

（2）『もぐらとじどうしゃ』（エドアルド・ペチシカ文，ズデネック・ミレル絵，うちだりさこ訳，福音館書店）

〔あらすじ〕　自動車に乗りたいもぐらが何とかして自分の自動車を手に入れようと奮闘努力する。部品を探し，苦労や失敗を重ねてやっと望みがかない，ぜんまい仕掛けの自動車を抱えて満足するうちに眠りにつく。もぐらをとりまく景色が美しく描かれている。

　U夫は，1歳5か月の時に児童文庫に無造作に置かれた絵本の中からこの

本に出会った。U夫は自動車に大変興味をもっていた。自動車がたくさん出てくるこの絵本が気に入り「ブーブー」と言ってこの本をもって，保育者に読むように求めてきた。物語は長くU夫にはまだ理解できないと判断し，保育者が「もぐらくんがブーブーちょうだい，ちょうだいって言っているの，ブーブー作りたいのよ」と解説すると大変興味を示した。内容が理解できるようになるまでには数年かかったが，この本を手放すことなく，文庫が開かれるときは必ず持ち歩き，大のお気に入りの絵本となった。もぐらが満足して眠りにつく場面で「ピカピカ」「おやすみ」という言葉を筆者に言わせて手をたたいて喜んだ。

　U夫は，探究心の強い子どもで，はいはいの頃より時計の裏側のねじをいじって遊んだり，テレビのチャンネルをいじったり，台所の用品，タンスの引き出しの内のものを全部引っ張り出して遊ぶことが好きであった。ぜんまいで動くねこのおもちゃを与えると，いつまでも追いかけて繰り返しぜんまいを巻かされ，遊び続けた。3歳を過ぎると，文章の内容も理解できるようになり，もぐらが自動車の部品を集めるようすが描かれている絵をていねいに見るようになった。保育者は，U夫がこの1冊の絵本から次々に自分の興味に合わせて楽しみを見つけていく姿に，驚きを覚えた。U夫を中心にボロボロになってしまうまで多くの子どもとともに読んだ。

　人気の絵本は，次々に新しい子どもに引き継がれていく。筆者の孫もこの本を見つけ大のお気に入りになった。孫が3歳のとき，神田の交通博物館に行く途中，電車や自動車が交差している道路をしみじみ見て「人間ってすごいなー，何だってできちゃう」と突然『もぐらとじどうしゃ』の中に出てくるせりふを言い驚いた。幼い子どもが，絵本を通し，自分の興味にしっかりと向き合っていることを子どもたちから教えられたでき事であった。子どもが何に興味をもち，どのように自分の世界を広げ，楽しみを見つけていくか，絵本を読み聞かせる中で幾度となく教えられてきた。その楽しみや発見を保育者がどのように整えていくかを，いつも課題として与えられた。保育者の理解をはるかに越えて，子どもの興味は広がっていることを確認しつつ，保育者がそれにこた

える楽しみや充実感を通し子どもと深くかかわることの大切さを教えられた。

（3）『なつのあさ』（谷内こうた文・絵，至光社）

〔あらすじ〕　なつのあるあさ，「ぼく」は麦わら帽子をかぶり，おかのてっぺんにすわりこんだ。広い空と緑の山の中でたった1人の子どもが，遠くを走る汽車を眺めている。ことばの説明はほとんどなく，2ページにわたって山の光景が美しく描かれている。

2歳半のE子は，情緒的な雰囲気をもった子どもであった。文庫に来ると，まわりの絵本棚を見てまわるのが大好きであった。ときには，絵本棚から絵本を取り出し1列に並べて眺めて歩く。そのようすを読み聞かせのために集まった保育者が見て，何ともほほえましく心の和む思いがした。

この『なつのあさ』は，先の事例の2冊とは異なった雰囲気をもつ絵本である。生き方を考えさせられたり，探求心を駆り立てられたりする絵本とは異なり，少ないことばで話の流れ全体から情緒的な心地好さを表現している。絵本の内容は子どもの個性と結びつき，その子どもに大きな影響を与える。E子は，たくさんの絵本を眺めながらこの本に出会った。1人で静かにページをめくりながら，近くに保育者がいると，時々その保育者の顔を見てにっこり笑いかける。E子がどのような環境で育っているのか，どのような気質に恵まれているのか，このようすに接しながらいろいろと想像することができた。

E子のこうした体験はおとなになってからもこころのどこかに残り，色彩に対する感覚や生活全体の雰囲気にも影響を与える。

E子は，その後『ぽとんぽとんはなんのおと』（神沢利子作，平山英三絵，福音館書店）にも興味を示した。この絵本もやさしい雰囲気をもっている。2歳半から3歳半にかけて子どもは音に敏感になり，「何の音？」「何の音？」とよく聞く。「こわい，こわい」という表現も多くなり，情緒的に不安定になることがある。E子はこの絵本を保育者に抱かれながら読んでもらっていた。E子もまた不安の時期を迎えていたので，繰り返し読んでもらいながら，音にはそれ

ぞれ意味があることを感じることができた。

　雰囲気のある絵本を保育者に読み聞かせてもらいながら，子どもは心地好さを味わい，安心した気持ちを得ていく。また物語全体の雰囲気から感性が揺さぶられ，自分の心にその雰囲気を残していく。保育者もそのようすに慰めを得ることができた。

（4）絵本を通して学ぶ

　以上，3冊の絵本を通して子どもと保育者のかかわりのようすを述べてみた。読み聞かせを通し，子どもと保育者は深いかかわりをもち，お互いをよく知ることができるようになった。

　（1）の『ちいさなねこ』では，T子自身の経験を重ねながら物語がどのように展開するか，どのような判断がなされるか，3歳前後の子どもなりに読みとっていくようすを保育者は見ることができた。T子はその後もドラマティックな物語を好むようになった。『シンデレラ』もT子に幾度も読むことを要求された絵本である。『ちいさなねこ』から始まり，次々に出会う昔話を中心とした絵本を繰り返し保育者の声を通し読んでもらいながら，自分が出会ういろいろな課題の答えを見いだしていたと思われる。絵本はその後児童書に引き継がれ，T子の生き方，考え方に大きな影響を与えるとともに，保育者にも同様の影響を与えた。

　（2）の『もぐらとじどうしゃ』はU夫のものの考え方に大きな影響を与えた。U夫は細々とした機械を集めては組み立てることを喜びとした。物のしくみを調べては絵に描いてみることを好んだ。保育者もこうした活動に加わり，U夫との会話が豊かになり，より緊密な関係をもつことができた。

　（3）の『なつのあさ』『ぽとんぽとんはなんのおと』など，情緒的な雰囲気をもつ絵本はE子にぴったりであった。このころ得られた色彩や雰囲気は，おとなになっても心に留まり，表現力に影響を与えている。E子の存在そのものが喜びとなった。保育者と周りの子どもも含めてE子を中心に温かい集団を作りあげることができた。

図 7-3　絵本の読み聞かせ

　上記のように，絵本を通じて，子どもと保育者が豊かにかかわっていくことができるのである。

5．おわりに

　子どもとの信頼関係を築くために「親と子どもの共感的理解の中で」と題して，生活の中での経験として食事，睡眠，排尿・排便へのかかわりについて，およびあそびが活発になりはじめたころの絵本を通してのかかわりについて述べてきた。3歳以前の子どもを念頭に，子どもと保育者が豊かな信頼関係を築き，その後の子どもの生活の拡大に良い影響を与えることを願って記述してみた。3歳以降についても，基本的には同じようなかかわりをすることが望ましいと考えている。子どもの生活の中での事例のほんの一部であり，ていねいに生活を見直すと，信頼関係を築く子どもと保育者のかかわりの事例は数多く限りなくとらえることができる。代表的な一部分のみを取りあげたが，子どもとの信頼関係を築いていく上で，誰でもが出会う事柄である。絵本の読み聞かせについては，共感的理解を得る大切な1つの方法として，是非実践し，子ども

と保育者のかかわりを振り返るときをもって欲しい。

　筆者が保育者（幼稚園勤務）として出発してから43年が経過した。その間の20年は保育者養成にかかわり，子どもの成長の姿や，保育者の子どもへのかかわりについて事例を述べ，学生とともに子どものことについて再学習することができた。またこの間，千羽喜代子先生の研究室で乳幼児の保育について多くを学ばせていただいた。その後保育の現場に再び戻り，現場の子どもから多くを学ぶことができた。子どもと生活をともにしていると，楽しいこと辛いこと悲しいことなどいろいろな経験をすることができ，生きている実感を得ることができる。経験や年齢を重ねても子どものトラブルに出会うと，いつも戸惑いを覚える。そんな時，子どもから知恵をもらい何とか乗り越えてきた。ひとつひとつのでき事を真摯に受け止め，1日を振り返ると必ずよい道が開けてきた。1日1日のでき事の積み重ねの中で，子どもと私の信頼関係が築かれてきたと思う。最初に担任した子どもたちが社会人となり活躍している姿に接し，「あの子が」「この子が」と幼いときに出会ったさまざまなでき事を思い出し，不思議に1本の線に結ばれる。多くの子どもたちと出会いお互いに共感して生きてこられたことを，あらためて感謝したい。

〔参考文献〕
・石井桃子(作)・横内 襄(絵)：ちいさなねこ，福音館書店（1967）
・E. ペチシカ(文)・Z. ミレル(絵)・内田莉莎子(訳)：もぐらとじどうしゃ，福音館書店（1969）
・谷内こうた(絵)(文)：なつのあさ，至光社（1970）
・平井信義・帆足英一・千羽喜代子・帆足暁子・長山篤子：思いやりを育む保育，新曜社（1999）
・長山篤子：絵本からの贈りもの，日本キリスト教団出版局（2001）

第 8 章 「少子化」「虐待」現象からみる「現代母親論」と今後の展望

1. はじめに

　わが国における歴史の中で，この10年ほど女性の「子産み」問題を巡って，しかも政治レベルにおいて取りざたされたことはなかった。それは1989年の合計特殊出生率，すなわちひとりの女性が生涯に産む平均出生数が丙午(ひのえうま)で産み控え，史上最低だった1966年にまでも届かない1.57人という結果が出たところから始まった。しかもこの合計特殊出生率は，その時々の人口維持に必要な2.08人を割ったのは1974年第一次オイル・ショックが起こった翌年から減少傾向をたどり，その後もさらにその傾向はとどまらず，1999年には1.34人と最低になった。翌2000年にはわずかにもち直し1.35人となったが，依然低い水準のままである。

　この「少子化」現象にとどめを刺したいという，いわゆる防止対策を巡って国会内外において論議が紛糾しているわけである。この現象について各界からさまざまな解釈が出されているが，その一方の柱が「女性は享楽的になった」とする母性の欠落を嘆く主に男性たちの声であり，さらに一方の柱はいわゆる新しい女性の生き方を模索しているフェミニズム運動の担い手たちの，「母性」優先の生き方に対する強い反発である。

　同時に，この10年，世間にきわめて大きな不安をもたらしているのが「子ども虐待」の問題であり，マスコミでこのテーマが扱われない日はないほどである。もちろん，「子ども虐待」は母親だけにかかわる問題ではないが，2001

年（平成13年）度の東京都の報告，「児童虐待の実態」によれば，「主たる虐待者」は2000年（平成12年）度では，父親によるもの29.0％（実父24.2％，実父以外4.8％）であるのに対して，母親によるものは60.3％（実母58.6％，実母以外1.7％）と倍近くを占めている。ただしこの統計結果をどう解釈するかであるが，今日，わが国においては，日々の子どもの養育はほとんどが母親によって行われていることを考えれば，父親との比較においてはむしろ母親による虐待のほうが圧倒的に少ないとさえ言えよう。さらに，母親の虐待に対する世間の目は父親の虐待に対するよりも，比較にならないほど厳しいものであることも忘れてはならない。それは，世間の「母親」にかける期待が「両親という2人の養育者の1人」という見方をはるかに越えるものがあることにもよっている。

実際に母親による「子ども虐待」が増加しているか否かを確認することはできないが，相談件数が急増していることは確かであり，この「子ども虐待」への関心の高まりを受けて，2000年5月17日に「児童虐待の防止等に関する法律」（児童虐待防止法）が成立し，子どもをもつ母親は世間からますます厳しい監視にさらされることになったのである。これら「少子化」そして「子ども虐待」と一見，直接は無関係にみえる現象から，現代の母親が抱えている問題点を読み解こうとするのがこの章のねらいである。

2．学生相談から見えてくる現代の母親が抱える苦悩と「母親予備軍」としての女子学生の混乱

筆者は現在，大学の学生相談室において神経症，心身症，無気力，精神病あるいは境界例などさまざまな症状に苦しむ女子学生との面接を主たる仕事にしている。青年期にある彼女らは親の庇護の下にあるという意味では子どもであるが，発達的には立派なおとなである。そういったあいまいな立場であるがゆえに，彼女らは親との間で，特に同性である母親との間で葛藤を抱えることになる。

彼女らの母親は40歳代，戦後の民主教育の中で何の疑いもなく生まれ，育ってきている。高学歴であり，専門職に従事している人も少なくない。一見，

家庭状況は絵に描いたようなインテリ家庭である。ところが学生を通してうかがい知る母親たちの姿はくたびれ果てたぼろ雑巾のようであり，家族は表向きは何事もないかのごとく振舞いながら，内実はそれぞれに想像を絶するような重い荷を抱え，むしろこれまで噴火しなかったことが信じられないといった状況がうかがわれるのである。

　そしてこのような状況は，誤解を恐れずにいうと，母親が専門的な職業をもっている場合により多く存在している気がする。もちろんすべての家庭がそうであるというつもりは毛頭ない。苦悩を抱えることになった娘の母親にそのような姿が多く見られるのかもしれない。しかし，それらの事例は今日のわが国における母親が抱える根本的課題をより鮮明に，より象徴的に表現していると考えられ，事例検討を通して，すなわち，このような状況を生み出している背景をつぶさに検討することにより，「母親とは何か」「現代の母親が抱える問題点とは何か」が明らかになり，これらを通して「今後向かうべき母親のあり方」が模索され，その結果，母親のみならず子どもの，いや，すべての人々の幸せが得られるはずである。

1）みずからも「女性性」を抑圧し，抱えきれない「荷」を娘に背負わせた母と背負いきれなくなった娘

　栄子さんはいわゆる摂食障害であり，夜な夜な過食をしては嘔吐する。やめたいやめたいと思いながらやめられない。食物代のためにもアルバイトをしなければならない。栄子さんは2人姉妹の姉であり，保育園のころから親や先生を困らせたことのない優等生であった。両親はともに教員，父親は栄子さんが保育園のころからの単身赴任で，帰宅の頻度はだんだんに少なくなり，今では1か月に1回あるかないかといった状態。近隣に親類縁者がいるわけでもなく，母親は1人で何役もこなさなければならなかった。娘が病気になったときなどは何度仕事を辞めようかと思ったという。しかし母親にとって「仕事」はまさに自分自身そのものであり，仕事を辞めることは自分を失うことにほかならず，先のことを考えると怖くてできなかったという。母親は日常の不安，仕事のこと，夫のこと，実家の年老いた両親のこと，姑のこと，栄子さんの妹の

ことなど，ありとあらゆることを，幼い栄子さんに語った，というより愚痴った。栄子さんは非常に賢く，忍耐強く，ひたすら母の話に耳を傾け続けた。まさに栄子さんは幼少時より，母親にとっての夫であり，気の置けない友人であり，カウンセラーであった。

　やがて栄子さんは美しく成長し，大学のサークルで恋人もできた。栄子さんは直感的にそのことは絶対に母親には知られてはいけないこととして秘密を守っていたが，ある日ばれてしまった。その日から母親はひょうへんした。母親は幼い赤子のように泣き，わめき，ありったけの罵詈雑言(ばりぞうごん)を栄子さんに浴びせた。それまでもほとんどの家事を栄子さんが引き受けていたが，その頃から母親は仕事から帰るとそのままソファーに倒れ込み，寝てしまうといった自堕落な生活が始まった。それでも妹とは口をきくが，栄子さんに対しては無視を決め込んだ。栄子さんは何とかして母親の機嫌を取り結ぼうとこれまでにもまして家のために尽くしたが平行線であり，前述した栄子さんの症状が始まった。栄子さんは長い間の消化しきれなかった摂取物を，もはやそれ以上取り込んだままにはしておけなくなったのである。本来なら「受け入れられる立場」であったはずの，幼少期より「受け入れる立場」に立ち続けた栄子さんは，しょうすいしきってしまった。「愛情」の代用品としての「食料」は食べても食べても満足できず，同時に代用品は代用品でしかなく，求めているものとは明らかに異なったものであり摂取するわけにはいかず，同時に消化不良の摂取物は吐き出さなければいけないのである。

　筆者は決して栄子さんの母親をやゆするつもりはない，いやそれどころか同じような立場に立つものとして，身につまされさえし，いささか後ろめたささえ感じられるのである。

２）「母性性」の発現を抑圧して生きてきた母親をモデルに育った娘の「人形恐怖」という症状で語る「母性性」の抑圧

　芳江さん，「人形恐怖」を主訴として相談室を訪れた。この症状は今に始まったことではなく，小学校の低学年のころからあったという。特に人形の目を見てしまったときは恐怖で体中にふるえがくるという。彼女の印象は「クール」

に尽きる。勉強家で，物事をきわめて合理的に判断し，割り切って生きる。

　家族は両親と弟の4人。父親は芳江さんが3歳のころ服飾デザイナーとして独立し，同時に母親は父親を手伝うようになった。母親は女ばかり4人姉妹の長女で，姉妹のリーダーとしてまさに「男まさり」ということばがぴったりの女性であった。父親の仕事が軌道に乗るまで両親は身を粉にして働いた。いきおい3歳年下の弟の面倒は芳江さんの役割になり，保育園でも真っ暗になるまで取り残されるのは芳江さんきょうだいだった。玩具棚に裸のキューピーさんが2体放り出されているのを見てギョッとしたのが，印象に残っているという。

　芳江さんが曲がりなりにも家事をこなせるようになると，その一切が彼女の役割になった。芳江さんは能力のある人だったし，頑張りやさんだったから，親の期待にほぼこたえることができた。そしてその期待は限りなくエスカレートし，両親が疲れて帰宅するとすぐさま給仕をすることまで期待された。これらはすべて「役割」であり，例外は認められなかった。

　「人形あそび」は「お母さんごっこ」を連想させる。かわいい赤ちゃんにミルクを飲ませたり，着替えをさせたりしてお世話する。「役割」ではなく，「気持ち・こころ」でお世話する。

　男まさりに生きることを期待されてきた母親は，結婚し，母親となり，父親の仕事を補助するという，まさに母性性を発揮し，気持ちで動くということに慣れていなかった。気持ちに沿って行動するということは「歯止めが効かなくなりそう」で怖かった。頭で理屈を組み立ててそれに従って行動するのでないと，先が読めなくて不安だった。

　役割によって育てられた芳江さんは，実は，性格的に母親と瓜二つに育ったのである。人形は芳江さんにとって，これまで抑圧してきた「母性性」の発現を促しそうで恐怖だったのである。

3）出産によって専門職を辞めざるを得なかった母親のいら立ちの受け皿にされた拒食症の娘の苦悩

　美恵さんは拒食症で，162 cm の身長で 38 kg の体重である。1日に何度体重計に乗るかわからない。とにかく太るのが怖い。月経はもちろん止まったま

ま，何事も完璧にやらないと不安である。

　家族は父と元スチュワーデスの母，姉の 4 人家族。母はいつでも職場復帰できるほどスリムで美貌を維持し，足腰は毎日の運動で鍛えている。母はスチュワーデスの仕事が生きがいであり，子どもが産まれてももちろん続けるつもりだった。ところが夫の絶対の反対にあいやむなく退職した。

　姉は不登校などで両親を心配させたが，妹の美恵さんは幼いときから親にとって自慢の娘だった。その上，夫のこと，姉のことなど母の愚痴の聞き役として頼りにされてきた。美恵さんのただひとつの「欠点」は太っていることだった。母は幼いときから「デブ」「ブタちゃん」といって，美恵さんをからかっていた。

　高校 2 年の夏，オーストラリアに語学留学した美恵さんはどういうわけか体重が 8 kg も減少し，友だちからうらやましがられ，母親からは健康を害するといってひどく叱られ，盛り付けられた食事は全部食べることを義務づけられた。しかし，コンプレックスのかたまりだった「太っていること」からあまりにも簡単に解放されて，美恵さんは有頂天になった。それから美恵さんと母親との確執が始まった。何としても食べさせようとする母，応じたくはないが母から嫌われるのは怖いと隠れて食物を捨てる美恵さん，そんな平行線が延々と続いた。

　何としてでも食べさせようとする母親の執拗な追いすがりは，娘の健康を心配する親心にしてはあまりにも強引過ぎた。痩せた美恵さんを憎悪さえしているかのようであった。母親はスチュワーデスとして働く自分自身に存在意義を見いだしていたにもかかわらず，その拠り所を「母親」になったという理由で，納得の行かないまま失ってしまった。母親はスリム，美貌，体力の維持は母親自身のアイデンティティーを満足させる，母親のみに許される特権であった。それを美恵さんは簡単に奪ってしまったのである。

　いずれの事例も無意識的に，母親自身の課題を自分自身の娘，すなわち子どもであり，さらにおとなの女性でもある娘に投影し，引き受けさせて，娘に混

乱を引き起こさせている。娘としてはなぜこのような仕打ちを母親から受けなければいけないのか，納得のいかない理不尽さを抱えることになる。ただし「理不尽」であると娘が意識できたとき娘の苦悩はある意味で軽減されるが，その理不尽さを産みだした諸悪の根源が自分自身の「分身」である「産みの親」であることを意識しはじめたところから，また新たな苦悩を抱えることになる。母子の関係は「わからなくても辛い」「わかっても辛い」という「どうにもならなさ」が支配する関係である。この納得のいかない仕打ちは「いじめ」「虐待」という切り口からもとらえ直すことができる。

以上のような関係がすべての母親に生じるわけではもちろんないが，「母親」という存在そもそもが抱えざるを得ない矛盾があることにも思いをいたさなければならない。

橋本やよいはこの点について，「母親は心の奥に表現されない不安を抱えながら，それでも毎日子どもとの生活を続け，子どもを育てていかなければならない。そのような母親の状況は健康なものとはいえないだろう。」[1] と述べ，それを「母親であることの病」と表現している。

その上，特に戦後の民主教育において，女性も母親であること，主婦であることのほかに自分自身の世界をもつことが当然のこととして受け入れられている。実はこのことが女性の生き方，中でも母親の生き方に大きな矛盾を生み出した。母親とは自分自身の体内に異物を抱え，その異物の存在にいやおうなく振りまわされる。前述の橋本は前述の書の中で「女性は，受胎し自分と一体化した子どもを産み出すことで母親になるのであり，その過程で，いったん個としての自分を壊す」[2] と語っている。

「母親」としての自分と「個」としての自分を，自分自身の中でどのように折り合いをつけるか，その歴史はいまだ浅く，モデルもない。それだけに女子学生は今後の生き方にあらゆる可能性を思い描くことができるともいえるが，不安も大きいはずである。

著者がかつて行った研究「風景構成法における『道』と『川』の描かれ方と自我同一性達成との関係について」[3] において，男子大学生では風景構成法で

道の描き方が「行く先がはっきりと示され」「道と川が交わっているもの」は自我同一性も達成されている傾向があったのに対し，女子大生は明確な傾向が見られなかった。この結果をどう解釈するかはいろいろ考えられるが，母親予備軍としての女子大生の自我同一性の達成の獲得には大きな揺れや迷いが横たわっていることが示唆されている。

3．子ども虐待と母親の被虐待体験からうかがわれる現代の母親の抱える苦悩

1994年の「児童の権利に関する条約」（子どもの権利条約）批准以来，子どもの権利に関して世間の理解が急速に高まってきた。2001年度末の東京都の「児童虐待の実態」によれば，児童相談所に寄せられた虐待の相談件数は，この10年で15.4倍に急増したという。2000年度は1490件にのぼり，東京の子ども人口1000人当たり，0.7人が何らかの虐待を受けていることになるという。そのような状況を受けて，2000年5月には「児童虐待の防止等に関する法律」（児童虐待防止法）が成立し，11月から施行された。児童虐待防止法では，「子ども虐待」の定義を次のように記している。

第2条　この法律において，「児童虐待」とは，保護者（親権を行う者，未成年後見人その他の者で，児童を現に監護する者をいう。以下同じ。）がその監護する児童（18歳に満たない者を言う。以下同じ。）に対し，次に掲げる行為をすることをいう。
　　1　児童の身体に外傷が生じ，又は生じるおそれのある暴行を加えること。
　　2　児童にわいせつな行為をすること又は児童をしてわいせつな行為をさせること。
　　3　児童の心身の正常な発達を妨げるような著しい減食又は長時間の放置その他の保護者としての監護を著しく怠ること。
　　4　児童に著しい心理的外傷を与える言動を行うこと。

この定義に基づいて行われた，前述の東京都の報告によれば，虐待者の内訳は，実父母が約83％で，そのうち実母が58.6％と圧倒的に多くなっている。虐待の種類では，「身体的虐待」がもっとも多く全体の50.5％，次いで「ネグレクト（養育の放棄・怠慢）」が約32.7％で，この2つで全体の8割強と虐待の

大部分を占めている。「心理的虐待」は11.3％，「性的虐待」が4.3％であるという。

　「虐待」ということばは先の定義をみてもかなり意図的で明確な言動をイメージするが，平山宗宏らは虐待全体をまとめてマルトリートメント（不適切なかかわり）[4]という概念を提示するなど，親の意図というより子ども自身にとって有害かどうかといった，あくまでも子どもの立場に立った判断であることを強調している。

　以上，虐待に関する基本的な考え方を踏まえた上で，近年にわかに問題視されているように，虐待という現象が果たして本当に増加しているのかという疑問がある。池田由子は「子ども虐待はいつの時代にも存在した」[5]と述べており，かつての子ども虐待を「社会病理としての虐待」，近年増加してきた虐待を「家族病理としての虐待」あるいは「精神病理としての虐待」として区別して扱っている。すなわち「子どもの権利」という発想が生まれる前と後の「虐待」のとらえ方の大きな違いがそこにある。すなわち近年の「虐待」は社会が子どもの人権を認め，保障する方向で努力しているにもかかわらず，親権をもっていることを隠れみのに家庭内で引き起こされている「虐待」が増加しているというものである。

　前述したように「虐待」の判断を下すのはきわめて難しい。筆者は「虐待」を「いじめ」と同義語で考えている。すなわち，子ども虐待とは「子どもにとって納得のいかない，理不尽な仕打ちが反論の余地なく権力を伴って行使される行為」と定義したい。したがって，形だけでは判断できない。絶対服従の関係の中で絶対的な力をもって繰り返し繰り返し行われる行為であるから納得がいかないとか理不尽であるとか思う余地はまったくありえないのであって，まして反論することなど思いつきもしない。虐待された子どもはひたすら「自分が悪い子だから」と思うことでその状況を理解しようとし，自分の中に収めるのである。

　そう考えると「被虐待児」が自己肯定感，自尊感情を獲得できないことは当然のことと理解される。前述した「学生相談で出会った事例」で取りあげた学

生たちも「被虐待児」であると述べた理由もそこにある。

　実は虐待の怖さはそれにとどまらない。子どもにとって，親の自分に対する仕打ちの「からくり」が理解されたときから始まる新たな苦しみがあるからである。親とその子どもである自分とは元は一体だったのであり，分身にほかならない。親に対して憎しみを抱き，人でなしと思えばそれはそのまま自分に返されることばとなる。子どもにとっての「虐待」のもつ厳しくも重い意味である。

（1）子ども虐待の実態

　何をもって虐待というかその定義は難しいが，少なくとも子どもにとって納得のいかない理不尽な仕打ち，しかもそれが母親あるいは子どもを取り巻くおとなたちの判断によっては避けることが可能だったことがらによって，子どもが辛い状況に置かれ，発達・成長そのものが損なわれるようなおとなの対応すべてを指して，「虐待」と呼びたい。次に，筆者が実際に出会った何例かの事例を列挙し考察を深めたい。

1）重い障害を抱えた健ちゃんの体中に消えない腫れとあざとオムツかぶれ

　健ちゃんは4歳，先天的な四肢体幹機能障害で寝たきりである。1歳を過ぎたころから区内の療育教室に週3回母親に付き添われて通っている。体も大きくなっておんぶや抱っこも大変になってきた。車を運転しない母親は教室に通うだけで大仕事である。知的な遅れもかなり目立ち，話しかけるなどの働きかけに対してもほとんど反応しない。

　父親の仕事もうまくいかず失業手当でやりくりしているが，それも間もなく期限が切れる。いきおい健ちゃんの障害手当に頼らざるを得ない。母親がパートに出るなどして生活費を稼ぐということもあるが，母親にはその自信がない。母親自身，知的に多少の遅れがあり，これまでの人生において家庭でも学校でも居場所がない状態であったのを夫に拾われる形で一緒になり，何かあっても帰るところがないという不安感が絶えず襲ってくる。夫がパチンコに行けば，不安で母親は健ちゃんを抱えたままパチンコ店に同行するといった具合で

ある。いきおい夫婦の間は逃げる，追うという形でいらだちと不安が充満している。

　健ちゃんがむずかるとどうしてよいかわからず，カーッとなってひっぱたいたり蹴飛ばしたりしてしまう。生活そのものが不安定な状況で，オムツを替えることも，食事を与えることもどうでもよくなってしまうらしい。栄養状態も悪く，オムツかぶれもかなりひどい状態である。

2）「オマエなんかいらない」と言われ続けている，中絶の資金が工面できずに仕方なく誕生した駿ちゃん

　2歳の駿ちゃん，3歳と5歳のお兄ちゃんがいる。父親は工場を経営していたが，不況のあおりを食って多額の借金を抱え倒産した。そのさなかに身ごもったのが駿ちゃんである。母親は当然のこととして中絶を希望したが，その資金が工面できずにやむなく出産した。本来，赤ちゃんは両親からの祝福を受けてこの世に誕生するはずであるのに，駿ちゃんは生まれる前から厄介者だったのである。借金の取立てに追われて行き場を失った母子は，とりあえず離婚をし，母子生活支援施設に入所することになった。

　母親は娘時代父親に逃げられ，残された母親と殺伐とした家庭に育ち，結婚後ようやく手に入れたささやかな幸せがもろくも崩れてしまったことに，ぶつけようのないいらだちを覚え，泣いたり騒いだりして神経を逆なでさせられる駿ちゃんには「オマエなんかいらなかった」と一番きつく当たっている。上の2人は母親の不機嫌さを敏感に察知し，母親の前では猫をかぶったようにおとなしくしているので，いきおい駿ちゃんが母親の攻撃を一手に引き受けることになる。その上2人の兄は母親の前でおとなしくしている分，母親の見てないところで駿ちゃんに当たるという，駿ちゃんにとっては二重の被害を受ける形になっている。

3）みずからの不安からわが子を一時も離さない母親

　加絵さんは小学校2年生，小学校はもとより幼稚園にもほとんど行っていない。父親はいない。いわゆる「私生児」，現民法では「嫡出でない子」といわれる。

母親自身も同様に「嫡出でない子」である。母親の義理の父から性的虐待を受け，高校2年のとき家から逃げ出し，出会った男性と関係をもち，産まれたのが加絵さんである。母子で施設を転々とし，今は生活保護で生活している。抑鬱的傾向が強く，昼間から雨戸を閉めていることも多く，他者との出会いを極力避けている。幼稚園も小学校も行くには行ったが，他のお母さんたちと出会ったり，先生と話をすることに母親が抵抗を示し，結局ほとんど行かなくなってしまった，というより行かせなくなってしまった。

加絵さんもそれが当たり前になっているから，特に逆らうこともなくそんな生活が続いていた。

民生委員が心配して訪ねても，現代は不登校が珍しくなく，登校刺激は与えないほうがよいという考え方が一般的であるために，加絵さんは「不登校児」として扱われた。母親は加絵さんに対して身体的暴力を振るうわけでもなく，乱暴な言葉をかけるでもなく，むしろやさしく対応している姿からは誰もが「虐待」という発想は思いつきもしなかった。

しかし，加絵さんが，登校もせず，母親の傍から離れないことは選択の余地のないことだった。母親にとってはまさに生き死にの問題であり，それだけに無言の強烈な圧力が加絵さんに対して加えられていたのである。これこそまさしく「心理的虐待」といわなければならない。

4）みずからの孤独感をいやすために，売春によって身ごもった子どもを出産した母親

恵子ちゃんは2歳，母親と母子生活支援施設で生活している。母親は恵子ちゃんが産まれるまでは自暴自棄の生活を送っていたという。自身の母親が早く亡くなり，実の父親から性的悪戯を受け，学校も満足に行かず，家出を繰り返し，滅茶苦茶な生活の中で妊娠した。保護された施設の職員からも家族からも当然のこととして中絶を勧められたが，母親は頑として承知せず，結局出産した。

その後，母親の生活は「子どものために」いわゆる「自堕落な」生活からは足を洗い，職を得て生活を送っている。

筆者はここで誤解されることを恐れるのだが，単に売春による出産そのものを非難するつもりは毛頭ない。その行為と結果をみずからの中でどのように収めるかが鍵であり，その存在をみずからにとって肯定できる存在となしうるか否かが重要となる。

　子どもにとって自分のルーツである父親と母親が明らかなものであることは，まさに「地に足が着く」安定感の源であり，さらに母親にとって父親の存在が「憎むべき存在」であっては子どもはみずからを決して肯定し，受け入れることはできないはずである。子どもはみずからが存在するがゆえに，生涯，大きな罪悪感を背負い続けていかなければならなくなる。

　母親がたとえ子どもの存在を受け入れたとしても，その理由が，母親自身にとっての「孤独感をいやすため」「淋しさを紛らわすため」では，子どもの立場に立つという発想がそこにはなく，子どもの人権はまったく保障されていないことになる。その意味で子どもは「虐待」されているということになる。

5）人工受精（AID）によって産まれた子どもが障害児だった

　聡君は出産時は特に問題なく健康に育ったが，歩行が始まると外出時にはすぐ迷子になるなど落ち着きに欠け，公園でほかの子どもを見ると突き倒したり，持ってる玩具を取りあげるなど，しつけがなっていないと3歳児健診で注意された。集団に入れて社会性を育てようと3年保育を希望したが，落ち着きのなさ，乱暴などで入園を断られ，病院で検査を受けることを勧められた。病院ではADHD（注意欠陥多動性症候群）と診断された。

　実は聡君は非配偶者間の人工受精による妊娠であった。母親はもともと子どもが好きなわけではなかったのでできなければできないでいいと思っていたが，夫は地方出身の長男であったこともあり，舅，姑たちからのプレッシャーはすさまじいものであった。親戚から養子をもらうことも考えたが，どんなに良い関係を作っても養子である事実は消すことができないことを考えると，将来においても親子としてあり続けることに自信がもてなかった。実子ということにこだわったとき，わが国では生まれた子どもが父親とは遺伝的な関係がないにもかかわらず，婚姻中妻の懐胎した子は夫婦の実子と認められ，戸籍にも

実子と記載されることになっているため、医師と夫婦さえ秘密を守れば、男性の不妊の事実も隠ぺいできるという状況の中で、「養子より実子が欲しい」という夫の強い希望で不安もありながら、AID人工受精を行うことに踏み切った。結果、かわいい男の子が誕生し、皆で喜び合ったのもつかの間、上記のような診断が下された。

障害としては軽度なものではあったが、夫は自分の血筋ではないと逃げの姿勢であり、母親はどうにも納得いかず、夫婦の間の溝も深まっていった。この事実は絶対に口にしないというのが実施するに当たっての夫婦の固い約束であったから、舅も姑も嫁である母親の子どもへの対応、夫への態度に批判的であった。

母としては子どもが悪いのではないと頭ではよくわかっていたが、聡君が乱暴して他の親たちから避けられたりすると、「あんたなんか産まれなければよかったのよ！」と叫んだり、「あんたのお父さんは一体誰なのよ！」「お父さんに子種がなかったからこんなことになったのよ」という、絶対に言ってはいけない言葉が口から飛び出しそうになるのを抑えるのに苦労するという。

無理な形での出産が、子どもの預り知らぬところで理不尽な対応を招いているという意味で、虐待というしかない。

（2）母親の被虐待体験と子ども虐待

親の側にたとえどんな事情があろうとも、子どもが虐待されても仕方がないということには絶対にならないことは自明のことである。このことは、虐待する側の親自身十分に了解しているはずのことである。本来、自分の体内で「身1つ」の存在であったものが出産を経て「身2つ」になったわが子をかわいくないと思う親はいない。

それにもかかわらず、現代のみならず過去においても親がわが子を親の意志で支配する事実は決して少なくなかった。わが国独特の文化としての「親子心中」、いいかえれば「子殺し」があった。これは、「子どもを1人残して行けない」という子どもを思うゆえの行動として、むしろ「美談」でさえあった。こ

れまでの「子ども虐待」は「貧しさ」と直結しており，迷いつつ，後ろめたさを抱えつつ，詫びながらの行為であった。

さらに「妊娠中絶」がある。これも「子ども虐待」との関係で考えなければならない重い視点を抱えている。

現代では前述したように，「子どもの人権」に対する発想がここまで確立してきたにもかかわらず，わが子に対する虐待が減少しないどころか，逆に増加している現実があるといわれており，これまでの虐待とはかなり意味合いの異なったものであることは確かである。

筆者の調査によれば[6]，都内のある母子生活支援施設（母子寮）に入寮してきた母親で，明らかなわが子への虐待が認められた者は40％に上っており，実際はこれをはるかに上まわっていると推測される。内，37.5％が殴る・蹴るなどの身体的虐待，「お前なんかいなければ良かった」と言った言葉の暴力による心理的虐待が12.5％，「保護の怠慢や，拒否により健康状態や安全を損なう行為」としてのネグレクトが50.0％といった状況であり，実際はこれらを2つ3つとあわせもっている。

一方，わが子への虐待を行っている母親自身がその生育過程において，親や家族からどのようなかかわりをもたれてきたかを見ると，母親自身が認めている被虐待体験は55％に上っており，内，身体的虐待は36.4％，心理的虐待は9.1％，性的虐待は18.2％，ネグレクト36.4％である。ただし，これらは前述したように母親自身の自己申告であるから，実際はこれをはるかに上まわっていることが推測される。

虐待による心理的障害に対する治療の第一歩は，「このひどい仕打ちは虐待なのであって，あなたが悪いからではない」という認識をもたせることから始まるといわれる。

虐待は子どもが心理的にも身体的にも太刀打ちできない相手から一方的に受ける暴力であることを考えると，その状況を受け入れるためにはみずからの中に非の存在を認めていくほかない。すなわち，「自分が悪い子だからこのような仕打ちを受けるのだ」と思い込まなければ，その辛い状況に耐えていくこと

はできないわけである。したがって、虐待されればされるほど、「自分は悪い子」だという自己認識が進んでいく。このような状況下で、「反論」とか「疑いの目」をもつ力は去勢されてしまうのは当然である。これが、虐待された人間が「自分は虐待を受けてきた」と認識することが困難であることの理由である。

したがって、前述した母子生活支援施設に入所している母親の自己申告による被虐待体験の割合が55%ということは、自己認識できていない者まで含めるとかなりの割合となることが推測される。

人間が安定した成長・発達を遂げるためには、幼少期における一貫した養育者の「無条件の受容」が、何よりも重要であることは周知のところである。そうした対応の中で自尊感情が生まれ、「あるがままの自己」を肯定し、「自我」が育っていく。自我の発達が未成熟であれば自他の境界は育ちにくい。自分の感情をコントロールすることが困難となり、感情の赴くままに周囲を巻き込んでいくことになる。そういった母親にとって、容易に感情の矛先が向けられるのは、心理的にも物理的にももっとも身近にいる存在であるところのわが子であることは間違いない。これが虐待が世代間で連鎖されていくゆえんである。橋本やよいは、「『個』を尊重されなかった母が、子の『個』を生かせるはずはない」と述べている[7]。

ちなみに、前述の母子生活支援施設における調査では、わが子への虐待を行っている母親の75%がみずからもその生育過程において虐待を受けていたという事実がある。この連鎖を断ち切るためには、虐待する母親を責め、叱責することでは解決は得られず、母親自身の自尊感情の育ちを支援することをおいてほかにない。

4. 少子化現象からみた現代の母親の抱える苦悩

わが国において「少子化」問題が取りざたされるようになったのは1990年ころからであり、それは将来の人口が増減しないことを保障する出生数、すな

わち「静止人口」の2.08人を下まわったのが1990年で、合計特殊出生率が1.57人だったことによる。その後も減少傾向は依然とどまるところを知らず、1999年には1.34人、2000年にはわずかに持ち直し1.35人となっている。

しかし、この傾向は決してわが国固有の現象ではなく、世界平均は2.82人、イタリア1.20人、スウェーデン1.51人、アメリカ2.04人となっており、一方、多産の国はインド3.32人、ルワンダ6.20人である。

わが国においては、この少子化現象は主に政治レベルの課題、すなわち国家の維持といった問題として憂慮されている。したがって、それは女性に対する母性の欠落を嘆く声であり、代表的なものとしては当時の日経連会長であった鈴木永二が「女性が享楽的になっている」と指摘し、「日経連の調査結果によると『人生は楽しむもので結婚や仕事が絶対とは思わない』女性が40%を超え、キャリアウーマンが目立った。子どもを産み、育てるのは女の人にしかできない立派な仕事である。」さらに「女性を代表して社会的発言をする人には国家という大事な視点が欠けている。」と発言している[8]。この発言は10年も前のもので、今日においては厚生労働省の私的諮問機関である「少子化社会を考える懇談会」メンバーのある男性行政官さえも「今までの少子化対策は保育所施策しかなかったが、本来、親が夢をもって子育てできるような支援体制の確立が必要だ。『子育ては損、大変』といわれる今、その大変さを取り除く努力が迫られているのだと思う。」[9]と表向きは大きく変化してきてはいるが、内実はそんなに単純なものではないのである。

いずれにしても、少子化現象と女性が仕事をもつこととは切っても切れない関係にある。女性が母として生きることは、子どもが幼少であるほど「みずからを無にする」ことを必要とする。しかし、一方で「個」を生きることへの限りない願望も抑えることはできない。「個」を生きることの象徴として「職業」がある。「○○のお母さん」ではなく、「○○さん」として生きる場として「職業」がある。

（1）現代社会における有職の母親の生きにくさ

　1986年4月の男女雇用機会均等法の施行以来「女性の時代」到来とマスコミで騒がれ，女性の生き方が限りなく広がったかのように思われ，その結果，合計特殊出生率の著しい低下を招いたといわれてきた。しかし，1990年には総合職女性の13％が結婚，妊娠，出産のために退職しているという。また，厚生労働省が公表した初の出生児縦断調査の結果によれば，「働く女性の約7割が第一子出産後離職」[10]していることがわかったという。このことは単に「性別役割分業」廃止論では片づけられないもっと根本的な問題が横たわっていると思われる。この点について，山下悦子は「利潤追求のための効率主義的発想が蔓延している企業社会の価値観から言えば，てまとひまとお金のかかる子どもは，自己実現をめざす女性にとって相容れない存在なのである。」[11]という。

　世間でもてはやされるいわゆる女性のエリートとはきわめてまれな恵まれた状況にある人で，例えば，三世帯家族は全世帯の16.4％であるのに対し，1歳未満の乳児がいる既婚女子労働者の50.3％が三世帯もしくはきわめて近距離に親が住んでおり[12]，育児期にある女性の70％以上は専業主婦，育児が一段落した主婦の70％以上が家庭と両立可能なパートタイマーを希望しているという。

　結局，子育てはどんなに合理的に行おうとしても手抜きはできないものであり，わが国における現代の労働状況では，「主婦引受人としての祖父母」抜きには手抜きなしで職業には従事できないということになる。

　ということは，女性が職業に従事するか否かは本人の主体的選択ということだけでは解決できる問題ではないということであり，若い世代に昔ながらの家庭回帰現象が広まりつつあるのはマスコミに踊らされた「女性の時代」という言葉の錯覚に気づきはじめたからといえよう。それでも育児期にある主婦にとっては，「女性が主体的に生き方を選択できる時代」という今日の女性賛美論は焦燥感や，いらだちをあおるものである。

（2）乳幼児をもつ有職の母と無職の母の「子産み・子育て」感の比較調査から

　筆者らは1994年マツダ財団からの研究助成により，「母親の生き方が子どもの成育におよぼす影響についての基礎的研究—とくに子どもを産みたがらない女性の増加という最近の傾向との関係で」[13]を報告した。

　これは都内の20歳代から30歳代の乳幼児をもち，夫も健康で有職である母親のうち，有職（常勤）で子どもを保育園に預けている母親236名と，無職で子どもを幼稚園に通わせている母親（夫は健康で有職）206名との間に，「子産み・子育て」にかかわる意識の違いが見られるか，さらに違いがあるとしたらどのような違いなのかを見ようとするものであった。

　先にも述べたように，女性にとって「職業をもつこと」と「母親であること」とは決して相容れないものであり，「職業をもつこと」は「個の世界」を生きることのもっとも端的な表現法であると考え，母親が職業をもつことを軸に比較検討を試みたのである。すなわち，女性が「母親として生きる」ことと「個の世界で生きる」ことを，どのように自分自身の中で折り合いをつけるかが，女性の生き方におけるもっとも重要な今後の課題となると考えたわけである。

　その結果，有意な差異が認められたものを中心に論を進めたい。

1）子育てについて

　母親にとっての「子育ての意味」については，有職群，無職群ともにトップにあげているのが「子どもの成長を楽しみに思う」ことであり，次いで有職群は「自分に思いやりと忍耐力が育った」「社会問題などが身近になった」と答え，無職群は「子どもを通じて人間関係が広げられた」と述べている。さらに興味深かったものは，「生きる張りができた」と感じているものは有職群であった。

　「子どもは何人欲しいか」については，両群とも半数以上が3人を望んでいるのに対し，「何人産むつもりか」についてはともに2人と答え，「1人でいい」という者は5％以下であった。

2）子どもを産むことについて

「子どもを産んだ理由」については両群に差異は見られず，① 自分が最大限に生かされる　② 子どもが好き　③ 夫の子を産みたい　④ 血のつながった子孫を残したい　などがその理由である。ところが有職でもパートタイマー・自営以外の勤務形態の母親（文筆業など）は，「子どもがいないと家族にならない」「親になってみたかった」など，他の群には少ないものが理由としてあげられていたのは興味深いものであった。

さらに，仕事を続けていく上で子どもを産むことへの迷いがあったか否かについては，有職群に迷いの状況が多く認められたのは当然であるが，その内容は，① 思い切り仕事ができなくなる　② 子育てに十分手をかけられない　③ 体力がもつかどうか不安　などであった。

さらに興味深い点は，有職群の1割の母親（無職群の2倍）が「趣味やレクリエーションに当てる時間がなくなる」ことを子産みへの迷いの理由としている点であり，一方，無職群の母親は「行き届いた育児ができなくなる」ことが多くの子どもをもつことへの迷いの理由としており，「母親として生きる」ことと「個の世界を生きる」ことで両群に明確な差異が見られた。

一方，子育てをする上で仕事を継続することの迷いや不安があったかどうかについては，有職群は常勤55％，パート48％，自営49％，その他の形態46％といずれも半数前後の母親が迷いを感じていたのに対し，無職群は70％の母親がまったく迷わずに仕事を辞めたと答えている。

ところがいったん子育てが始まると，子育てにかかわる不安は「非常に不安・少し不安」を合わせると有職群65％，無職群71％と両群ともかなり不安を感じている。これは，今の時代の特徴であろうか。その内容としては，有職群が① 子どもとの接触が不十分　② 気持ちを十分につかめていない　③ がまんをかけすぎ　④ もっと手をかけるべき　など，子どもとのかかわり不足の不安をあげているのに対し，無職群は① 気持ちを十分につかめていない　② がまんをかけすぎ　③ 手をかけすぎ　など，子どもとの密着状態への不安を訴えている。

3）「3歳までは親の手で」という考え方について

わが国においては「三つ子の魂百まで」のことわざに示される，3歳までは子育てにとってもっとも重要な時期で，可能な限り親の手で育てるべきといった考え方は自明の理とされているが，この点については有職群は69％賛同しているのに対し，無職群は91％であった。この結果は当然であり，そうであったからこそ70％の無職群の母親は，まったく迷うことなく仕事を辞めたのであった。

4）「女の幸せは結婚して子を産み育てること」という考え方について

無職群の母親の半数以上が「女の幸せは結婚して子を産み育てること」という考え方に賛同しているのに対し，常勤有職群は42％であった。さらにこの考え方に対して，両群とも半数以上の母親が「男女にこだわらず，それぞれの能力を生かしていけばいい」と述べているが，一方で，「家庭こそが安らぎの場であり，そこを支えるのは母親にしかできない」という思いも無職群は2割，有職群（常勤）は1割，自営群は3割であった。さらに「性別役割分担はどうしても否定できない」も根強く残っており，特に常勤，パート，自営以外の「他の形態の勤務」の母親の3割強がこれに賛同していた。

5）自分の生き方に満足しているかについて

仕事の仕方に十分満足できないでいる母親や，子どもができたために仕事を辞めることになった母親が，現在の自分の生き方をどう受け止めているかを見ると，無職群は2割強の母親が非常に満足しており，「大体満足」も合わせると65.9％であるのに対し，有職群は「非常に満足」はきわめて少ないが，「大体満足」も合わせると66.3％で両群間に差は見られない。

ところが，「あまり満足していない」母親は無職群が4.3％とわずかであり，その理由を① 毎日刺激がなく，マンネリ化している ② 自分の時間がもてない などをあげているのに対し，有職群は30.1％と圧倒的に有職群の母親が現在の生活に満足しておらず，その理由については，① 子どもとゆっくり過ごす時間がもてない ② 子育ても仕事もどちらも中途半端な感じがする ③ 自分の時間がもてない などをあげている。

一方,満足している66%の有職群の母親はその理由を,①人間関係に広がりがある　②毎日刺激があって充実している　③視野が広がる　などをあげ,無職群の母親は,①子どもとゆっくり過ごす時間がもてる　②人間関係が広がる　③自分の時間がもてる　④趣味や地域の活動ができる,などと,ちょうど両群が逆の状態にあることがわかる。しかし,無職群の母親が満足している理由に「自分の時間がもてる」と答え,満足していない理由に「自分の時間がもてない」と答えているのは興味深い。

　以上からわかるように,有職群の母親の満足の理由がすべて仕事に携わっていることからくる心地よい緊張感や充実感,つまり「個の世界における生きがい」であり,満足できない理由がすべて「子育て」に関する母親としての不安であるのに対し,無職群の母親の満足は母親として「子育て」に専念できることであり,満足できない理由はマンネリ化した生活の中で「個の世界における生きがい」が感じられないというものであった。しかしながら,無職群の母親がかつて子育てを主たる理由に仕事を辞めたことに対しては,66.7%が後悔していないと述べている。ところが64%の母親が,チャンスがあれば今後再び仕事に就きたいと思っていると答えているのである。

　さらに自分と違った生き方,つまり有職群の母親は無職群の母親を,無職群の母親は有職群の母親をどのように思っているかをたずねたところ,有職群の母は無職群の母を「とてもいいと思っている」者は23%,「いいと思うこともある」者は50%と合わせて73%が肯定しており,無職群の母は有職群の母を「とてもいいと思っている」者は21.1%,「いいと思うこともある」者は56.7%で,合わせて77.8%が肯定している。ところが,「自分もそうしたいか」という質問に対しては,有職群の母は「そうしたいとはあまり思わない」(27%),「そうしたいとはまったく思わない」(14%)と合わせて41%の母が否定的であり,無職群の母は「そうしたいとはあまり思わない」(36.3%),「そうしたいとはまったく思わない」(11.1%)と合わせて47.4%の半数近くが否定的であった。この結果から,両群ともに一般論としては,自分と異なった生き方を肯定しつつも,半数近くの母親が自分自身は今の状況を維持したいと思

い，半数が現状を肯定できずにいることがわかった。

さらに「結婚しない，あるいは結婚しても子どもを産まないで仕事をしている女性をどう思うか」をたずねると，両群の母親とも「とてもうらやましいと思う」者はほとんどなく，両群に有意な差が見られたのは「うらやましいと思うこともある」と答えた者が有職群に多かった点である。

6）自分とは異なった生き方をしている母親の子どもに対しての思いについて

「有職群の母親は母親の手元で育てられている子どもを見てどう思い，無職群の母親は保育園で育てられている子どもを見てどう思うか」をたずねたところ，両群に決定的な差が見られた。それは有職群の母親の80％以上が，母親の手元で育てられている子どもを見て「いいと思って」おり，70％の母が「できたら自分の子どももそうさせたい」と思っていたのである。一方，無職群の母は保育園で育てられている子どもを見て「いいと思うこともある」（23.4％）が，「あまりいいとは思わない」（55.6％）と答え，「できることなら自分の子どももそうしたい」と思っている者は皆無であり，「そうしたいとはあまり思わない」（41.5％），「そうしたいとはまったく思わない」（42.1％）と，その思いに揺れはまったく見られなかった。

7）自分の娘の将来の生き方に対する期待について

自分にとって身近な存在である同性の他者（娘）の生き方に対する思いを見ることで，自分自身の生き方を肯定しているか否かを推測することができると考え，「自分の生き方に照らして，わが娘の生き方に対して望むこと」をたずねた。その結果，両群間に明らかな差は見られず，多くの母親が「自分をしっかりもって自分の選んだ道を歩んでほしい」と答えていたが，無職群には「子どもが小さいときは仕事を辞め，子育てに専念してほしい。そして手が離れたら資格を身につけて仕事を再開するとよい」「子どもを産んだら母に徹するべきで，仕事も生きがいだなどという無責任な産み方はすべきでない」といった，自分とは異なった生き方に対しては批判的な意見が少なくなかった。一方，有職群の母は「家族のためにしっかり生きながら，自分の時間を大切に生

きてほしい」「家族の支えとなるよう，仕事をもちながらハツラツと生きてほしい」「子どもも1人の人間である。成長して相談を受けたとき，それなりの助言ができれば親としては満足」「自分のやりたいと思ったことは最後まで責任をもってやり通してほしい」など，自分自身の生き方を肯定しながらもそれぞれの生き方を尊重しようとする姿勢が目立った。

（3）最近のわが国における少子化現象の意味

　1990年ころより目立ちはじめたわが国の少子化現象について，明らかな単一の原因を求めようとしても意味がない。しかし，考えられるもっとも大きな要因は，「女性」の意識の変化に伴う生き方の変化であることは間違いない。戦後の男女平等をかかげて始められた民主主義教育が，ようやく定着しはじめた1960年前後に生まれた子どもたちが母親になったころである。欧米の「自我の確立」「自立」が重視されるようになったところで育った子どもたちである。

　このことは男子より女子に大きな変化をもたらした。それまでは結婚し，母親になるまではともかくとして，いったん母親になると「1個の人格をもった1人の人間」から「1人の母親」として，固有のアイデンティティを失った存在となる。そして，これまではそのことを誰もが当然のこととして受け入れてきた。

　その状況が変わったのである。もちろん，女性が「産む性」である以上，「母になること」を否定するわけではないのだが，それでも「産まない選択」も少なからずあった。しかし，母になっても「母として生きる」だけではなく，「個の世界」をももち続けたいと思ったところから苦難が始まった。両者は相いれないものだからである。この点にかかわる苦悩が前述の調査結果である。

　すなわち，現代の女性にとって「子どもを産むこと」自体は「自分を生かす」ためにも，「子孫を残すため」にも当然のこととして受け止めている。しかし，母親になることは現実には「個の世界」としての「仕事をもつこと」と

は相いれないため大きなせめぎあいが生じ，その結果，「仕事をもつこと」を断念する者と何とか続ける者とに分かれる。その際の鍵となるのが三つ子の魂百までのことわざに従って，「3歳までは親の手で」「女の幸せは結婚して子を産み育てること」「家庭こそが安らぎの場であり，それを支えるのは母親にしかできない」などで，この思いが多少強いか弱いか，あるいは「結婚しない，あるいは結婚しても子どもを産まないで仕事を続ける女性」をうらやましいと思うか思わないかといった程度の違いである。

その程度の違いでしかないことは，多くの母親たちの回答に多くの矛盾を抱えていることからも明らかである。例えば，無職群の母親の8割が有職群の母親の生き方を「いいと思い」，4割強の母親が「自分もそうしたいと思うことがある」と答え，64%の母親がチャンスがあれば今後再び仕事に就きたいと思いながら，83.6%の母親が，自分の子どもを有職群の子どものように保育園で育てたいとは思わないと述べ，66.7%の母親が子育てのために仕事を辞めたことを後悔していないと回答している。

さらに有職群の母親の73%は無職群の母親の生き方を肯定しつつも，半数近くは自分はそうしたいと思わないと答え，子どもを産むことを「思い切り仕事ができなくなる」という理由で迷いを感じ，69%の母親が「三つ子の魂百まで」に不安を覚え，8割以上の母親が無職群の母親の子どもが母親の手元で育てられていることを「いいと思い」，7割が「できたら自分の子どももそうさせたい」というように迷い，引き裂かれ，揺れている。

このようにさまざまに揺れながらも，総体として「今の自分の生活」に満足を感じている母親は両群とも変わらず65%強であるのに，「あまり満足していない」母親は無職群は4.3%とわずかであるのに対し，有職群は30.1%であった。その理由は「子どもとゆっくり過ごす時間がもてない」ことであり，どちらの世界をも失いたくないという思いが伝わってくる。

その結果，子どもは欲しいし産むつもりだが，いましばらく「思い切り仕事に専念」し「子産み・子育て」はもうしばらく先送りにすることにし，その結果，理想の子どもの数は3人くらいと思いながら，現実は1人か2人しかもて

ないというのが，少子化傾向が続く理由であると考えられる。

　今回のわれわれの調査は，女性の「個の世界」の実現をとりあえず「仕事に就く」ということに限って検討したが，「母親になること」以外の自分の能力を生かす場をもつか否かという点でさらに検討を加えなければならない。

5．おわりに

　この章では，現代の母親が置かれた状況を「少子化」「虐待」といった，昨今特に話題になっている現象から検討を加えようとするものであった。それは「いまどきの母親の気持ちは理解できない」といった現代の母親に対する嘆きの声が少なくないからである。

　岸田秀はその著『母親幻想』[14]において，次のように述べ，子育ては本能でなく文化であり，個人的趣味あるいは社会的行動であると主張している。

> わたしは以前から，人間は本能が壊れた動物だと主張してきました。動物は基本的に本能に従って行動します。本能に従って行動することによって，生態系を乱すことなく，個体保存も種の保存も達成されるのです。ところが，人間の場合は，何らかの理由で，その本能が壊れました。……（中略）……このような考え方は，当然，いわゆる母性本能についても言えます。人類には母性本能の残り滓が少しぐらいは残っているかどうかはわかりませんが，とにかく，人間の場合，母性本能は壊れています。……（中略）……だからこそ，母親にもいろいろな母親がいるわけです。人間の母親には，子供をかわいがる母親もいれば，いじめる母親もいる。捨てる母親もいれば，虐待するどころか，殺してしまう母親さえいます。もしも母性本能があるとすれば，そういうことはあり得ないでしょう。

　この岸田の主張は，今日の母親の姿をかなり適切に説明しえている。ただ，「母性本能」という言葉はきわめて混乱を引き起こしやすい。「母親」とは子をはらみ・産む性である。それは，本来1つだったものが「分身」として，「身2つ」に引き裂かれるところから生じる生理的存在である。加えて，「授乳する存在としての母」と子の関係も生理的レベルのつながりである。子どもの泣き声で乳が張り，痛みを感じ，乳があふれてくる。これらの関係だけでも，母親がわが子に対して良くも悪くも特別な思い入れをもつことが理解でき

る。ただ，これを「本能」ということばでのみくくるには，人間はあまりにも社会的存在でありすぎる。日々の子育てといった緊密なかかわりを通して親（父母とも）子はさらに特別な関係に育っていく。

しかし，父子と母子では決定的な違いがあることは確かである。父子は契約の関係であり，母子は「はらみ・産む」関係である。それは「本能」と呼ぶより生理的と呼ぶほうがふさわしい。

そんな生理的絆が絶たれてしまう状況が現代の社会である。母親はこうあるべきといった社会的規制，圧力があまりにも力をもちすぎて本来の感覚が鈍らされている。生理的絆は母親自身がみずからの中に感じるものであって，その感じ方は人それぞれである。それを他者が「母なる大地」「海のように深い愛」が本来の母親の姿としてあるはずと「期待をこめて」語るようになったときから，母親は周囲からの監視の目にさらされるようになった。この「目」は周囲からのみならず，やがてはみずからの中にも取り込まれ，「良い母」という幻想に振りまわされていくことになった。この抑圧からみずからを解放するために，女性研究者の手からなるさまざまの研究・著作が生まれた。

S.L. サーラは『「良い母親」という幻想』[15]を著し，母親像の変化を先史からたどる中で，

> ここ50年だけをみても，私たちはじつにさまざまな「理想の親」像をみてきた。良い母親に求められるものは，「訓練と管理」から突然，「寛容と共感」に変わった。そして精神分析の分野でも大変革が起こり，以前は母親など無視していた専門家は，子供が生まれて最初の数週間の母親の行動を綿密に調べるようになった。スローガンはさまざま—愛情，鑑，調和，共感，絆，無条件の肯定的配慮—だが，必要とされている母性の中身は同じ—利他的な愛—だ。「理想的な母親とは」と精神分析家アリス・バーリントは言う。—自分自身に興味をもたない人だ—

と皮肉を込めて語っている。

S. ジャンピノは『仕事を持つのは悪い母親？』[16]と，ずばりみずからの生き方をかけて次のように問う。

> 働く母親は，非難されるべきだろうか？はい，二つの理由で。まず母親だから，そして女性だから。

働いていない母親は，非難されるべきだろうか？はい，同じ二つの理由で。

佐伯順子は，次のように考え，『エロスか母性か―母親幻想の比較文化的考察』を著した[17]。

> およそ文学における母親像を考察するにあたって，忘れてはならないのは，母性または母親的なるもののイメージと，母親そのものが決して一致するものではなく，むしろ乖離しているという事実である。「母性」という言葉に付随しがちな温もり，優しさ，包容力，といった肯定的なイメージと，そうした性質を備えた母親「的」（とみなされる）女性の魅力は，現実の母親に求められる役割やその実態，あるいは文学作品の中に実際上の母親として登場する女性とは，必ずしも一致するものではない。本論文は，そうした母親そのものと母親のイメージの乖離を明らかにすることで，その背後にある男性作家の抱く女性幻想の特質を明らかにしてゆきたい。

橋本やよいは，母親の特質として「母親の精神的ならびに身体的負担は，母親になることにともなって課せられる宿命といえる。母親になることが，他者を自らの胎内に入れ（受胎），一体化したあと他者として産み出すという営みである以上，母親のアイデンティティは子どもによって壊され，もう一度立て直さなければならなくなる。」[18]と述べているように，母親は母親になったがゆえに，母親としてのアイデンティティ形成という新たな難題を抱えることになる。しかも，この課題はこれまでのわが国における歴史の中にモデルはなく，したがって，現代の母親はさまざまな混乱を引き起こすことになった。

すなわち，「母親としてのアイデンティティ」形成という個人的にも社会的にもいまだ市民権が得られていないコンセプトを，わが身に引き付けて発想することから身を引いた姿として，「子産み」を遅らせたのが少子化現象である。「母親としての生」と「個の生」のぎりぎりの折り合いといってよい。

さらに，とりあえず折り合いをつけたつもりが収まりきらず，心の内でのせめぎあいの末，「個の生」が「母親としての生」をはるかに越えてしまったとき，子どもは自分の生がないがしろにされたと感じる。これが「虐待」の核心である。実はそれだけならまだしも，現実はさらに深刻である。それは，母親が「母親としての生」をないがしろにしてしまった後，新たにそのことへの後

ろめたさを抱えることになり，その後ろめたさをふっしょくするためにかなり強引に，責任を子どもの側になすりつけるということをしてしまった結果が「虐待」なのである。

「母親としてのアイデンティティ」形成がなぜそれほど不安を呼び起こすかというと，

① 母親になる以前に育んだ魅力的な「個の世界」との決別の不安と悲しみ
② 「個の世界」を失うことは名前を失うこと。名前を失うことはアイデンティティを喪失すること
③ 「母親」とは選択の余地のない責任の重さと緊張感を抱えること
④ 「生理的母親」と「理想化された母なるもの」との混同からくる不安と怒り

などが考えられる。

女性自身，そして周囲が母親に対して「理想化した完璧な姿」を期待したり，押しつけたりすることなく，「個の世界」と「母親としての世界」の間でせめぎあい，揺れる姿に寛容であることが何よりも重要である。アリス・ミラー著『魂の殺人』の訳者である山下公子が「訳者あとがき」[19]で，次のように母親になったがゆえの苦悩を述べている。

> 子どもが生まれてその子どもを育て始めた時，私は自分の世界が壊れてしまったことを痛感させられました。それほど悪い人間でもないはずだった自分の中に，子どもに対する暖かい思いやりよりもむしろ苛立ちと怒りと憎悪ばかりが見えたからです。私は驚き，戸惑い，悩みました。

また，職業婦人の草分け的存在であり，俳人でもあった竹下しづの女（1887～1951）の代表句として，

　短夜や乳ぜり啼く児を須可捨焉乎（みじかよやちぜりなくこをすてつちまおか）

という句を宇多喜代子[20]が紹介している。「夏は夜明けが早く，夜が短い。それなのにこの児は夜中にお乳がほしいと泣いて，眠くてたまらないお母さんを困らせる。そんなに泣く児はもう捨てちゃうよ」という句意であり，しかし

「捨てるよ，否，捨てはしない」という反語の意があり，決して捨てることがないからこそ言える言葉だという。

子どもを産んだだけで「理想の母」になるわけではない。母になる以前の1人の人間，1人の女性としての自尊感情の獲得があって初めて，みずからの内にある「悪い母」の存在に対して寛容になれる。虐待とは自己不一致から産み出された「行動化」としての症状である。

母親がみずからの生理的感覚に従ってわが子に対せるようになることが母親にとっても子どもにとっても望ましいことである。今日のように母親を規制し，追い詰めることは双方にとって辛い結果をもたらすことになることを肝に銘ずることでる。

50歳代のある母親が，みずからの人生を振り返って「たった1度でいい。母に思いやりをかけてもらったという経験をしたい」と未だ望みを捨てきれないでいる姿に出会うと，母子の関係の重みを改めて思わずにはいられない。

〔引用文献〕
1) 橋本やよい：母親の心理療法，日本評論社 (2000)，p. 4
2) 前掲1)，pp. 10-11
3) 山崖俊子ほか「風景における『道』と『川』の描かれ方と自我同一性達成との関係について」，日本心理臨床学会第14回大会発表論文集 (1995)，180-181
4) 庄司順一：児童虐待の理解と対応，フレーベル館 (2001)，p. 18
5) 池田由子：児童虐待の病理と臨床，金剛出版 (1979)，p. 18
6) 山崖俊子「ある母子生活支援における子ども虐待の実態と母親自身の被虐待体験」，小児の精神と神経，**42**(4)，日本小児精神神経学会 (2002)，273-281
7) 前掲1)，p. 24
8) 「2020年の衝撃―出生率低下と変わりゆく日本社会」，国際シンポジウム (1990)
9) 熊坂義裕・岩手県宮古市市長「少子化どうする？こうしよう」，朝日新聞朝刊 (2002.9.13)
10) 「働く女性の7割第一子出産後離職」，朝日新聞朝刊 (2002.10.22)
11) 山下悦子：「女性の時代」という神話，青弓社 (1991)，p. 143
12) 山下悦子：前掲11)，p. 134
13) 山崖俊子ほか「母親の生き方が子どもの生育におよぼす影響についての基礎的研究―とくに子どもを産みたがらない女性の増加という最近の傾向との関係で」，マツダ

財団研究報告書 7 (1994), 127-149
14) 岸田 秀：母親幻想, 新書館 (1995), pp. 7-8
15) S. L. サーラ：「良い母親」という幻想, 草思社 (1998), p. 24
16) S. ジャンピノ：仕事を持つのは悪い母親？, 紀伊國屋書店 (2002), p. 13
17) 佐伯順子「エロスか母性か—母親幻想の比較文化的考察」, 平川祐弘・萩原孝雄（編）：日本の母 崩壊と再生, 新曜社 (1997), p. 369
18) 前掲 1), p. 2
19) 山下公子「訳者あとがき」, A. ミラー：魂の殺人, 新曜社 (1983), pp. 373-374
20) 宇多喜代子：女性俳人の系譜, NHK 出版 (2002), p. 24

あ と が き

　千羽喜代子先生が長年にわたって教鞭をとられてきた大妻女子大学を2004年3月に退職されることになったという。先生は文字どおり大妻女子大学児童学科を立ちあげ，その基礎固めを行い，今日のわが国における児童学研究の中心的存在として位置づけた功績は大きい。このことは先生が現在日本保育学会副会長して，また機関誌『保育学研究』の編集責任者として，保育界の指導的立場で活躍されていることが証明している。

　筆者にとっての千羽先生はお茶の水女子大学における大先輩であり，学生時代，平井信義先生の代講を半期に渡って行ってくださった師でもある。共通の師である平井信義先生は，お茶の水女子大学児童学科の基礎を築かれ，戦後の保育界を常にリードされてきた第一人者であり，千羽先生は平井先生の一番弟子である。つまり千羽先生は筆者にとって平井門下の，偉い「姉弟子」に当たる。さらに千羽先生が都立母子保健院を退職され，大妻女子大学に移られて2年後の1970年4月，平井先生は請われて大妻女子大学に移られた。そのとき筆者も助手として同行を許された。

　大妻女子大学では千羽先生は保育学を，筆者は児童臨床学を専門としたので実際には共同研究を行うことはなかったが，平井先生が長年実践されてきた「ひらめ合宿」は常にご一緒させていただいた。というわけで，筆者は不肖の妹弟子として，姉弟子である千羽先生の後をついてまわったことになる。大妻に移ることが決まったとき，先生は筆者を呼んで「あまり派手な目立つ格好をしないこと」と忠告された。さらに1970年に長女を，1972年に長男を出産した筆者が産後保育者が見つからなくて育児と仕事の狭間で悩んでいたとき，先生は「これまで大妻では子育てをしながら勤務を続けた教職員はいなかった。1つを選択することは1つを捨てること」と厳しく言い放った。まさに先輩からの甘えの抜ききれない未熟な後輩への忠告だったと思うが，当時の若かった筆者にとっては冷徹この上ない，しかも古い観念にとらわれたお小言として受

け入れがたい思いを抱いたと記憶している。が，結局助手を退き，相談室の非常勤の相談員となった。今から思うと勤務と子育ての両立などいい加減な覚悟では勤まらなかったと十分に納得できる。こうして先生は後輩に対しては長女として，教え子に対しては母として常に監督・指導に淡々としかも厳しく，細やかな配慮を怠らなかった。本当にありがたいことである。

　最後に先生の研究業績に触れておかなければいけない。本書第1章の「結びとして」で先生ご自身が述べられていることだが，先生の研究の最たる特徴は「研究方法」にある。つまり，「個体追跡」「縦断的方法」といった，気の遠くなるような時間とエネルギーを要する研究方法を採用していることである。能率よく合理的に結果が得られる「横断的方法」が多くの研究を占める中で，こつこつと地道に丹念に子どもの成長とともに歩みながら観察を行うことで，安易な結論を導き出すことに歯止めをかけている。先生の学位論文「女児の心身発達の相関に関する研究」(1963) もまさにこの方法による積み重ねの中から生まれたものであった。

　筆者も臨床家としてクライエントとの何年にもわたるかかわりの中から，ようやく真理が導き出されるといった経験の積み重ねが研究のスタイルになっている点で，先生と共通していることを嬉しく思う。実はこれこそが共通の師である平井信義先生の研究の姿勢である。

　千羽先生の退職を機に，こうして先生の教えを受けた者たちが先生を慕い，それぞれの研究の成果を持ち寄ることができたことを誠に嬉しく思う。先生のますますのご健康とさらなる発展を祈念し，また今後も引き続き私たち後輩・教え子を厳しく，温かくお導き下さることを願ってやまない。

　　日本保育学会　第56回大会開催を間近に控えて
　　　未来を担う子どもたちが真にのびのびと力を発揮できるような
　　　保育界にしていくためにさらに努力を続けることを誓って

　　　　　　　　　　　　　　　　　　　　　　　　　山　崖　俊　子

索　引

〔あ〕

愛された実感 ………… 77
愛情不足 ……………… 59
愛想笑い ……………… 46
愛　着 ………………… 34
アイデンティティ …202, 206
赤ちゃんがえり ………109
あそびと環境 ……………13
アドバイス ………………91
甘　え ………………71, 105
甘える ……………………34
アメリカでの育児 ……118
アメリカのしつけ ……20
あるがままの自己……194

〔い〕

怒　り ……………………97
生きる力 …………………75
育児日記………………164
育児ノイローゼ ………129
育児の国際比較 ………20
イザード ………………50
いじめ…………………187
意思を他者に伝える …170
依　存 ……………………95
依存欲求 …………………72
意図性……………………33, 36
異年齢小集団…………149
意　欲 ……………………69
意欲の喪失 ………………60
意欲の芽生え …………55

〔う・え〕

産まない選択…………202

産む性……………………202
ADHD ………………191
AID …………………191
エスク…………126, 142
絵　本……………………171
絵本の読み聞かせ…5, 172
絵本を通して学ぶ……176
エンゼルプラン………129

〔お〕

大げさな表情表現 ……42
怒る表情 ………………37
おしっこ………………167
おとなになる……………6
おむつ…………………165
おむつ替え……………165
おむつが取れるまで …170
思いやり………………170
思いやりの発達過程……3
親子育児体験サービス…10
親子支援…………………7
親子のかかわり………158
親子の信頼関係………157
親と子のふれ合い………5
親となること……………6
親の共感性………………5
親の権威…………………98
親の不安…………………90

〔か〕

外界の遮断 ……………38
外的因子………………100
快的状態…………………24
顔をそむける ……………40
覚　醒……………………84

覚醒時間 ………………85
学生相談………………180
家族を支える東村山の
　地域ケア ……………14
家庭回帰現象…………196
家庭型保育……5, 123, 140
家庭型保育の制度……131
家庭の保育……………122, 127
家庭的保育制度………124
家庭的保育制度の推移…127
家庭的保育の保育者…134
家庭福祉員………………4
家庭保育………………130
家庭養育………………126
かまいすぎ ………………83
環境性発達遅滞…………8
感受性 ……………………54
感情表現………………158
感　性 ……………………60

〔き〕

気　質 ……………………77
基礎的生活行動………145
気になる子ども ………13
虐　待 ………75, 179, 204
共　感 ……………33, 103
共感的理解…158, 171, 177
拒食症…………………183
拒　否 ……………97, 108
規律と自由のバランス…20

〔く・け〕

クーイング……………164
ぐずる表情 ………………37
繰り返し学習 …………51

索　引

月齢別発生頻度 ……… 82
言語的コミュニケーション …………… 73

〔こ〕

合計特殊出生率 … 179, 195
攻撃性 ………………… 70
高次な表情 …………… 50
行動化 ……………… 208
行動評定 ……………… 16
行動評定項目 ………… 19
行動レパートリー …… 26
交流意欲 ……………… 29
個体追跡 ……………… 20
ことば ………………… 54
ことばの獲得 ……… 173
子ども虐待 … 179, 186, 193
子ども―子ども関係 … 13
子どもと保育者の信頼関係 …………… 171
子どもの生活 ……… 143
子どもの人間関係 … 148
子どもへの対応 ……… 14
コミュニケーション
 …………… 3, 53, 104
コミュニケーションパターン …………… 76

〔さ〕

再学習 ……………… 170
在宅保育 …………… 123
サインの読み取り … 60, 62
3歳児神話 ………… 121
3歳未満児への課題 … 19

〔し〕

自　我 …………… 95, 108
自我同一性 ………… 185
自我の発達段階 ……… 96
自己課題 ……………… 66
自己形成 ……………… 96
自己肯定感 ………… 187
自己充実感 …………… 65
自己主張 …… 99, 100, 107
自己制御能力 ……… 146
自己達成感 …………… 64
自己統制能力 ………… 68
自己表現 …………… 100
自己表現力 …………… 97
自己不一致 ………… 208
自己防衛 …………… 102
自主性 …………… 53, 96
自主性の概念 ………… 19
自主性の構造 ………… 19
視　線 ………………… 48
視線の遮断 …………… 41
視線を交わす ………… 49
視線をそらす …… 40, 49
自尊感情 …………… 187
アタッチメントの対象 … 11
しつけ ………… 99, 118
児童虐待 …………… 186
児童虐待防止法 …… 180
児童書 ……………… 176
自発性 ………………… 14
自発性得点 …………… 17
私物的我が子観 …… 121
社会性 …………… 37, 111
社会性の発達 ………… 96
社会適応に有効な表情 … 51
社会的微笑 …………… 24
社会的フィードバック … 27
社会的我が子観 …… 121
集団生活 …………… 157
縦断的方法 …………… 21
集団保育 …………… 128
修　復 ………………… 71
修復の可能性 ………… 12
種間類似性 …………… 27
出現年齢 ……………… 43
授　乳 ……… 158, 162, 166
受　容 ……………… 104
少子化 …………… 179, 194
少子化現象 ………… 194
少子化対策プラスワン … 129
情緒経験の調節 ……… 51
情緒性の高い表情 …… 30
情緒の安定 ………… 3, 53
小児虐待 …………… 129
承認要求 ……………… 71
食　事 ……………… 158
女子学生 …………… 180
女性の生き方 ……… 197
ショートステイサービス …………… 10
自　立 …………… 68, 95
自律性 ………………… 99
自立の進行 ………… 112
人工受精 …………… 191
新生児 ………………… 82
新生児微笑 …………… 24
身体的虐待 …… 186, 193
人的環境 ……………… 51
信頼感 ………………… 12
信頼関係 ……… 157, 171
心理的虐待 … 187, 190, 193

〔す〕

随意的操作 …………… 51
睡　眠 …………… 84, 158
睡眠覚醒障害 ………… 86
睡眠覚醒リズム ……… 84
睡眠時間 ……………… 85
睡眠発達 ……………… 84
スキンシップ ……… 113
ストレス …………… 104

〔せ〕

生活行動……………145
生活者………………145
生活習慣……………13
生活のリズム………166
生活範囲……………171
静止人口……………195
正常新生児…………82
性的虐待…………187, 190
性別役割分業………196
生理的絆……………205
生理的微笑…………24
摂食障害……………181
0・1・2歳児の保育…11
専業主婦……………196
全国家庭的保育ネット
　ワーク……………128
全体としての児童……1

〔そ〕

添い寝………………91
相互交渉手段………118
相互作用……………54
創造性の開発………18
育ち…………166, 169
育てる姿勢…………169
疎通性………………30

〔た〕

第一反抗期………68, 95
退　行………………108
他者の気持ち………172
多相性睡眠…………86
抱っこ………………59
タテの人間関係……150
男女雇用機会均等法…196
単相性睡眠…………86
担当制………………57

単峰性の昼寝………85

〔ち〕

地域母子福祉センター…10
『ちいさなねこ』……172
嫡出でない子………189
昼間里親制度………127
注　視………………58

〔つ・て・と〕

追　視………………58
月極保育……………131
difficult child ……58
day-by-day plot法…84
抵　抗………………108
デイリープログラム…144
トイレ………………165
同質論・異質論……130
得意げ………………33
独立心………………96
トラブル……………157

〔な〕

内的因子……………100
泣　き……………23, 54
泣きの表情形態…43, 46
泣くの発達過程……47
泣く表情……………37
『なつのあさ』………175
ナナメの人間関係…150
喃語の発声…………58

〔に〕

ニコッと笑う………31
二語文………………107
2峰性の昼寝………85
ニヤニヤ笑い………36
乳児院の処遇内容・処
　遇環境……………8

乳児院の役割………7
乳児の情緒の発達……2
乳児の睡眠発達……84
乳児の泣き………88, 91
乳児の表情…………23
乳児の要求…………39
乳幼児の親との関係……5
乳幼児の発達………2
尿のリズム…………167
認可外保育所………105
人形恐怖……………182
人間関係……………148

〔ね〕

ネグレクト………186, 193
眠りにつく…………163

〔は〕

排　尿…………168, 170
排　便…………168, 170
発育過程……………79
発生率（夜泣き）……81
発　達………2, 13, 23
発達的変化…………43
母親たちの相互扶助…131
母親であることの病…185
母親予備軍…………180
反　抗………4, 20, 96, 112
反抗期………………95
反抗期の親子関係…102
反抗の始まり………106
反抗の表現…………100

〔ひ〕

被虐待児……………187
被虐待体験………186, 192
非言語的コミュニケー
　ション……………73
否定感情……………70

ヒト社会の表情 …………29
ヒトの表情 ……………25
非友好的な印象 ………25
表現表出のバリエーション ……………35
表　出 ……………26
表情学習 ……………41
表情筋 ……………44
表情形態 ……………43
表情制御能力 ……………51
表情操作 ……………37
表情のもつ機能 ……………25
表情の社会性 ……………26
表情の随意性 ……………46
表情の随意的操作 ……51
表情の操作性 ……………43
表情の発達的変化 ……43
表情表出 ……………23
表情やりとりの習慣性…31
平井信義 ……………19

〔ふ〕

不　安 ……………97
不安感 ……………158
風景構成法 ……………185
不快状態 ……………23
不服従 ……………99
分　身 ……………204

〔へ〕

平行あそび ……………67
ベビーサイン ……63, 77
便のリズム ……………166

〔ほ〕

保育構造 ……………144
保育所神話 ……………135

保育所必要論 ……………129
保育従事者の資格 ……136
保育の専門性 ……………135
保育ママ ……………4, 122
ボウルビイ ……………7
保護者への対応 ……………14
母子関係の発達課題 …74
母子生活支援施設 ……………189, 193
母子相互作用 ……………55
母子同時通園 ……………63
母子寮 ……………193
母子臨床の視点 ……5
ホスピタリズム ……………8
母性愛神話 ……………121
母　性 ……………135
母性性 ……………182
母性的養育の喪失 ……8
母性本能 ……………204
ほほえむ表情 ……………29

〔ま 行〕

マターナル・デプリベーション ……………8
マルトリートメント …187
未熟児 ……………82
三つ子の魂百まで ……199
見つめる ……………48
見るの発達過程 ……………50
見るの表情形態 ……………49
無条件の受容 ……………194
無職の母 ……………197
『もぐらとじどうしゃ』 ……………173

〔や・ゆ〕

夜間覚醒 ………84, 87, 92

友好的な印象 ……………25
有償ボランティア ……137
有職の母 ……………196, 197
ゆたかな心情 ……………6
ゆたかな人間性 ……………6
指しゃぶり ……………57

〔よ〕

養育態度 ……………101
要　求 ……………56, 168
幼児の自発性 ……………15
幼児の自発性の発達 …14
幼児の反抗 ……………4
抑　制 ……………99
ヨコの人間関係 ……………150
夜泣き ……………4, 79
夜泣きの原因 ……83, 87
夜泣きの調査 ……………80
夜泣きの定義 ……………81
夜泣きのとらえ方 ……86
読み取り ……………26
読み取る能力 ……………48

〔ら 行〕

離乳食 ……………166
理由のわからない泣き…90
ローレンツ ……………24

〔わ〕

笑　い ……………23
笑いの発達過程 ……………45
笑いの表情形態 ……………43
笑うことのモチベーション ……………32
笑う表情 ……………29

〔編著者〕

千羽喜代子（ちばきよこ）　　大妻女子大学　名誉教授
山崖　俊子（やまぎし としこ）　　津田塾大学ウェルネス・センター　教授

〔執筆者〕（五十音順）

池田　りな（いけだ）　　彰栄保育福祉専門学校　非常勤講師
　　　　　　　　　　　　鶴川女子短期大学　非常勤講師
菊地　篤子（きくち あつこ）　　小田原女子短期大学　非常勤講師
長山　篤子（ながやま あつこ）　　聖学院大学人文学部　特任講師
帆足　暁子（ほあし あきこ）　　ほあし子どものこころクリニック副院長
　　　　　　　　　　　　　　　十文字学園女子大学人間生活学部　非常勤講師
星　　順子（ほし じゅんこ）　　東洋英和女学院大学人間科学部　助教授
矢内　　由（やない ゆう）　　大妻女子大学大学院　大学院生

（2003 年 4 月現在）

育つ・育てる

2003年（平成15年）4月25日　初版発行
2008年（平成20年）2月20日　第5刷発行

編著者	千羽喜代子
	山崖俊子
発行者	筑紫恒男
発行所	株式会社 建帛社 KENPAKUSHA

〒112-0011　東京都文京区千石4丁目2番15号
TEL (03) 3944-2611
FAX (03) 3946-4377
http://www.kenpakusha.co.jp/

ISBN 978-4-7679-3176-0　C3037　　　協同印刷／ブロケード
©千羽喜代子ほか, 2003.　　　　　　Printed in Japan
（定価はカバーに表示してあります）

本書の複製権・翻訳権・上映権・公衆送信権等は株式会社建帛社が保有します。
JCLS〈㈳日本著作出版権管理システム委託出版物〉
本書の無断複写は著作権法上での例外を除き禁じられています。複写される場合は，㈳日本著作出版権管理システム(03-3817-5670)の許諾を得て下さい。